Beheers de kunst van zelfgemaakte wijn met infusie

100 RECEPTEN OM UW ZELFGEMAAKTE WIJN NAAR EEN HOGER NIVEAU TE TILLEN

Jack Peters

Alle rechten voorbehouden.

Vrijwaring

De informatie in dit eBook is bedoeld als een uitgebreide verzameling strategieën waar de auteur van dit eBook onderzoek naar heeft gedaan. Samenvattingen, strategieën, tips en trucs zijn slechts aanbevelingen van de auteur, en het lezen van dit eBook garandeert niet dat iemands resultaten exact overeenkomen met de resultaten van de auteur. De auteur van het eBook heeft alle redelijke inspanningen geleverd om actuele en nauwkeurige informatie te verstrekken aan de lezers van het eBook. De auteur en zijn medewerkers zijn niet aansprakelijk voor onbedoelde fouten of omissies die kunnen worden aangetroffen. Het materiaal in het eBook kan informatie van derden bevatten. Materialen van derden bestaan uit meningen die door hun eigenaren worden geuit. Als zodanig aanvaardt de auteur van het eBook geen verantwoordelijkheid of aansprakelijkheid voor materiaal of meningen van derden. Of dit nu komt door de vooruitgang van internet of door onvoorziene veranderingen in het bedrijfsbeleid en de richtlijnen voor redactionele inzendingen, wat op het moment van schrijven als feit wordt vermeld, kan later verouderd of niet meer van toepassing zijn.

Het eBook is copyright © 2024 met alle rechten voorbehouden. Het is illegaal om dit eBook geheel of gedeeltelijk te herdistribueren, kopiëren of afgeleid werk te creëren. Geen enkel deel van dit rapport mag worden gereproduceerd of opnieuw worden verzonden in welke vorm dan ook, zonder schriftelijke, uitdrukkelijke en ondertekende toestemming van de auteur.

INHOUDSOPGAVE

INHOUDSOPGAVE..4

INVOERING..8

GEÏNFUSUEERDE WIJNEN..10

    1. Witte Sangria-wijn...11
    2. Sinaasappelen en vijgen in gekruide rode wijn............14
    3. Steranijskoffie-infusiewijn...17
    4. Roos, aardbei en druivenwijn...................................20
    5. Ik ce Wijn Perziken..23
    6. Citroen- en rozemarijnwijn......................................25
    7. Zelfgemaakte kiwiwijn...28
    8. Mango's in wijn...30
    9. Paardenbloemwijn..32
    10. Warme appelwijn..34
    11. Warme cranberrywijn bij het haardvuur.................36
    12. Peper wijn..39
    13. Ananas in portwijn...41
    14. Rabarberwijn..44
    15. Warme kruidenwijn..47
    16. Wijn met cranberry-infusie...................................49
    17. Frambozenmunt-geïnfuseerde wijn.......................51
    18. Liefdevolle wijn...53
    19. Appels in rode wijn...56
    20. Bajan peperwijn..59
    21. Oranje dessertwijn..61
    22. Sinaasappel met rode wijnsiroop...........................64
    23. Oranje wijn...67
    24. Gemberwijn..70

25. Glühwein...72
26. Wijnkoeler..75
27. Wijn-eierpunch..77
28. Perzik wijnkoeler..80
29. Groene thee-wijn...82
30. Verfrissende wijndaiquiri..................................84
31. Meloen-aardbeiencocktail................................86
32. Juweelwijn glinstert..89
33. Rozemarijnwijn en zwarte thee........................91
34. Earl Grey Thee Spritzer...................................94
35. Warme chocolademelk met wijn......................96
36. Cranberry-wijnpunch..99

WIJN- GEÏNFUSEERD VOEDSEL...................................101

37. Fruit- en wijncompote....................................102
38. Chocolade Truffels..105
39. IJs met aardbeien..108
40. Meloenmousse in muskaatwijn......................111
41. Israëlische wijn-notencake.............................114
42. Wijnkoekjes...117
43. Kruisbessenwijnfondue..................................119
44. Cake en wijnpudding......................................121
45. Granita van rode wijn en bosbessen.............124
46. Meloen- en bosbessencoupe.........................127
47. Limoentaart met wijnroom.............................130
48. Matze-wijnbroodjes..133
49. Moustokouloura..136
50. Sinaasappel-wijnwafels..................................139
51. Sinaasappel amandelcake..............................142
52. Pruimentaart met crème fraîche....................145
53. Rode wijn brownies..148
54. Vanille panna cotta...151
55. Wijntaart..154

56. Zabaglione..157
57. Winterfruit in rode wijn...159
58. Citroen thee cake..162
59. Wijn en saffraan Geïnfuseerde mosselen................................165
60. Sint-jakobsschelpen in wijnsaus...168
61. Halibut steaks met wijnsaus..171
62. Griekse vleesrolletjes in wijnsaus..174
63. Linzen met geglaceerde groenten..177
64. Heilbot in groentesaus..180
65. Kruidenworsten in wijn...183
66. Visrolletjes in witte wijn...186
67. Kruidentofu in witte wijnsaus...189
68. Gegrilde octopus in rode wijnmarinade.................................192
69. Gebakken zoete bakbananen in wijn.....................................195
70. Pasta in citroen-witte wijnsaus...197
71. Pasta met mosselen in wijn..200
72. Rode wijn fettucine en olijven..203
73. Orecchiette pasta en kip..206
74. Rundvlees met portobellosaus..209
75. Italiaanse kaas en rode wijnworst..212
76. Paddenstoelen en tofu in wijn..215
77. Abrikozen-wijnsoep..218
78. Paddenstoelensoep met rode wijn..220
79. Borleves (wijnsoep)..223
80. Kersenwijnsoep..226
81. Deense appelsoep..228
82. Cranberrywijn-jellosalade..231
83. Dijonmosterd met kruiden en wijn.......................................234
84. Wijn-geïnfuseerde Bucatini..236
85. Asperges in wijn...239
86. Wildkoteletten gemarineerd in mosterd en wijn....241
87. Kippenvleugels met wijndressing...243
88. Oeufs en meurette...246

89. Risotto met rode wijn en paddenstoelen................249
90. Rode wijn gazpacho................................252
91. Rijst en groenten in wijn.........................255
92. Babyzalm gevuld met kaviaar.......................257
93. Knoflook-wijnrijst pilaf..........................260
94. Baskische lamslever met rode wijnsaus.............263
95. Rundvlees gestoofd in barolowijn..................266
96. Gestoofde sla in witte wijn.......................269
97. Calamari in umido.................................272
98. Gestoofde ossenstaarten met rode wijn.............275
99. Vis in wijn ovenschotel...........................278
100. Gegrilde varkenskoteletten met wijn..............281

CONCLUSIE..284

INVOERING

Infuseren met wijn kan een genot zijn en een verbetering van goed eten, drinken en een fijne maaltijd! Wanneer wijn wordt verhit, verdwijnen de alcoholische inhoud en sulfieten, waardoor alleen de essentie overblijft die een subtiele smaak geeft.

De eerste en belangrijkste regel: Gebruik alleen wijnen in uw kookkunst of dranken die u zelf zou drinken. Gebruik nooit wijn die u NIET ZOU DRINKEN! Als u de smaak van een wijn niet lekker vindt, zult u het gerecht en de drank waarin u de wijn gebruikt ook niet lekker vinden.

Gebruik geen zogenaamde "kookwijnen!" Deze wijn is doorgaans zout en bevat andere toevoegingen die de smaak van uw gekozen gerecht en menu kunnen beïnvloeden. Het proces van koken/reduceren brengt het slechtste naar boven in een inferieure wijn.

Wijn wordt in de keuken voor drie doeleinden gebruikt: als **ingrediënt voor marinades**, als kookvloeistof en als smaakmaker in een gerecht.

De functie van wijn bij het koken is om de smaak en het aroma van voedsel te intensiveren, te verbeteren en te accentueren. Het is niet de bedoeling om de smaak van wat u kookt te maskeren, maar juist om deze te versterken.

Voor het beste resultaat mag wijn niet vlak voor het serveren aan een gerecht worden toegevoegd. De wijn moet sudderen met het eten of de saus om de smaak te versterken. Het moet sudderen met het eten of in de saus terwijl het wordt gekookt; terwijl de wijn kookt, reduceert het en wordt het een extract dat smaak geeft.

Vergeet niet dat wijn niet in elk gerecht thuishoort. Meer dan één saus op basis van wijn in één maaltijd kan eentonig zijn. Gebruik wijn alleen als het iets toevoegt aan het gerecht.

GEÏNFUSUEERDE WIJNEN

1. Witte Sangria-wijn

Ingrediënt

- 1/2 limoen
- 1/2 citroen
- 1 perzik
- 1/2 groene appel
- 1,5 kopje wijn

Routebeschrijving :

a) Zorg ervoor dat de wijn op kamertemperatuur is, of iets warmer.

b) Schrob de buitenkant van de limoen en citroen lichtjes en verwijder de schil met een dunschiller of zesteur. Zorg ervoor dat er weinig tot geen merg vanaf komt, gebruik een schilmesje om het te verwijderen. Schrob de buitenkant van de appel lichtjes, verwijder het klokhuis en snijd het grof. Schrob de buitenkant van de perzik lichtjes, verwijder de pit en snijd het vruchtvlees grof.

c) Doe alle ingrediënten in de slagroomsifon met de wijn. Sluit de slagroomsifon, vul hem en draai hem 20 tot 30 seconden rond. Laat de sifon nog een minuut en een half staan. Leg een handdoek over de bovenkant van de sifon en laat hem luchten. Open de sifon en wacht tot het bubbelen stopt.

d) Zeef de wijn indien gewenst en laat hem minimaal 5 minuten staan voordat u hem gebruikt.

2. Sinaasappelen en vijgen in gekruide rode wijn

Ingrediënt

- 2 kopjes rode wijn
- 1 kopje suiker
- 1 stuk kaneelstokje
- 4 Steranijs; samengebonden met
- 4 Kardemompeulen; samengebonden met
- 2 hele kruidnagels
- 6 grote Navel sinaasappelen; geschild
- 12 Gedroogde vijgen; gehalveerd
- ⅓ kopje walnoten of pistachenoten; gehakt

Routebeschrijving

a) Doe de wijn, suiker en bouquet garni in een pan die groot genoeg is om de sinaasappels en vijgen in één laag te bevatten. Breng het geheel aan de kook, afgedekt, op matig vuur.

b) Voeg de vijgen toe en laat 5 minuten sudderen. Voeg de sinaasappels toe en draai ze 3 tot 4 minuten om, zodat ze gelijkmatig garen.

c) Zet het vuur uit en laat de sinaasappels en vijgen afkoelen in de siroop. Doe het fruit in een serveerschaal. Laat de siroop tot de helft inkoken en afkoelen. Gooi het bouquet garnering weg en lepel de siroop over de vijgen en sinaasappels.

3. Steranijskoffie-infusiewijn

Ingrediënt

Voor de rode wijn met koffie

- 5 eetlepels geroosterde koffiebonen
- 1 fles droge Italiaanse rode wijn van 750 ml
- 1 kopje water
- 1 kopje turbinadosuiker
- 12-steranijs

Voor de cocktail

- 3 ons rode wijn met koffiesmaak
- 1 ounce Cocchi Vermouth di Torino, gekoeld
- 2 theelepels steranijssiroop
- 2 streepjes Fee Brothers Aztec bitters
- IJs (optioneel)
- Garnering: kaneelstokje of citroenkrul

Routebeschrijving

a) Voor de koffie-geïnfuseerde rode wijn: Voeg koffiebonen toe aan de fles wijn, sluit af met de stop en laat 24 uur trekken op kamertemperatuur. Zeef voor gebruik.

b) Voor de steranijssiroop: Breng water, suiker en steranijs aan de kook en roer tot de suiker is opgelost. Haal van het vuur en laat 30 minuten trekken. Zeef en bewaar in flessen, bewaar in de koelkast.

c) Voor elk drankje: roer in een wijnglas de koffiewijn, Cocchi vermouth, steranijssiroop en chocoladebitters. Voeg indien gewenst ijs toe en garneer.

4. Roos, aardbei en druivenwijn

Ingrediënt

- 100 g aardbeien, kroontjes verwijderd en in plakjes gesneden
- 1 middelgrote rode grapefruit, in plakjes gesneden
- 1 takje rozenbottel, optioneel (indien in het seizoen)
- 1 tl rozenwater
- 700 ml rosé blushwijn

Routebeschrijving :

a) Doe de aardbeien, plakjes grapefruit en rozenwater in een gesteriliseerde glazen pot of fles van 1 liter en giet over de rosé. Sluit de pot goed af en bewaar hem een nacht in de koelkast. Schud de pot af en toe voorzichtig om de smaken te laten intrekken.

b) Wanneer u de rosé wilt serveren, giet u deze door een fijne zeef bekleed met kaasdoek of een schone theedoek in een grote kan. Gooi het fruit weg.

c) Om te serveren, voeg bruisend water toe aan een hoeveelheid rozen-, aardbeienen rode grapefruitwijn en garneer met rozenblaadjes. Voor een rozen Aperol spritz, meng 200 ml geïnfuseerde rosé met 25 ml Aperol en garneer met een schijfje grapefruit.

5. Ik ce Wijn Perziken

Ingrediënt

- 6 verse perziken, geschild, ontpit en gehalveerd
- ½ kopje suiker (125 ml)
- 1 kopje ijswijn (250 ml)
- 1 kopje water (250 ml)

Routebeschrijving

a) Meng in een sauspan 1 kopje water, suiker en ijswijn en laat op laag vuur sudderen tot de suiker is opgelost. Kook de siroop nog 3 minuten, haal van het vuur en zet opzij tot je hem nodig hebt.

b) Doe de perzikhelften in een glazen kom, giet er ijswijnsiroop overheen en zet het in de koelkast zodat de smaken zich kunnen vermengen.

c) Serveer gekoeld in een kommetje en garneer met een beetje poedersuiker.

6. Citroen- en rozemarijnwijn

Ingrediënt

- 1 fles witte wijn Ik zou Sauvignon Blanc, Pinot Gris, Pinot Grigio of Riesling gebruiken
- 4 takjes verse rozemarijn
- 3-4 lange stukken citroenschil, waarbij u ervoor zorgt dat het witte vruchtvlees er niet op komt

Routebeschrijving :

a) Open uw fles wijn of gebruik de fles die al een paar dagen in de koelkast staat.

b) Maak de kruiden schoon en droog (in dit geval rozemarijn).

c) Verwijder met een dunschiller 4-5 lange stukken citroenschil. Zorg ervoor dat u niet te veel witte pek meeneemt.

d) Voeg rozemarijn en citroenschil toe aan de wijnfles.

e) Doe er een kurk in en zet het geheel een nacht of enkele dagen in de koelkast.

f) Gooi de citroenschil en de kruiden weg.

g) Drink de wijn.

7. Zelfgemaakte kiwiwijn

Ingrediënt

- 75 Rijpe kiwi
- 2 pond rode druiven, bevroren
- 12 ounces 100% druivenconcentraat
- 10 pond suiker
- 2 pakjes gist

Routebeschrijving

a) Schil de kiwi, prak hem fijn met de ontdooide druiven, doe de suiker in de fles, laat hem volledig oplossen en voeg het geprakte fruit, druivenconcentraat, water en gist toe.

b) Fermenteer zoals gewoonlijk. Dit is slechts de eerste smaak van het overhevelen.

8. Mango's in wijn

Ingrediënt

- 12 Rijpe mango's
- ⅔ liter rode wijn
- 130 gram basterdsuiker
- 2 peulen verse vanille

Routebeschrijving

a) Verwijder de schil van de mango's, snijd ze doormidden en verwijder de pitten.

b) Leg ze met de holle kant naar boven in een grote kom en giet er wijn overheen.

c) Voeg suiker en vanillestokjes toe. Bak 45 minuten, laat afkoelen en zet dan goed koud voordat je serveert.

9. Paardenbloemwijn

Ingrediënt

- 4 liter paardenbloembloesem
- 4 liter kokend water
- 6 Sinaasappels
- 4 citroenen
- 2 Gistkoeken
- 4 pond suiker

Routebeschrijving

a) Verbrand de bloesems in het kokende water en laat een nacht staan. De volgende ochtend zeven, het vruchtvlees en sap van 6 sinaasappels, het sap van 4 citroenen, de gist en de suiker toevoegen.

b) Laat 4 dagen fermenteren, zeef en bottel. Serveer in kleine glaasjes op kamertemperatuur.

10. Warme appelwijn

Ingrediënt

- ½ kopje rozijnen
- 1 kopje lichte rum
- 6 kopjes appelwijn of cider
- 2 kopjes sinaasappelsap
- ⅓ kopje bruine suiker
- 6 hele kruidnagels
- 2 Kaneelstokjes
- 1 sinaasappel, in schijfjes

Routebeschrijving

a) Week de rozijnen in een kleine kom in de rum, enkele uren of een nacht lang.

b) ingrediënten in een grote pan en verwarm, vaak roerend, tot de suiker is opgelost. Laat zachtjes sudderen tot het heet is. Niet koken. Serveer in hittebestendige punch cups of mokken. Maakt 9 kopjes

11. Warme cranberrywijn bij het haardvuur

Ingrediënt

- 4 kopjes cranberrysapcocktail
- 2 kopjes water
- 1 kopje suiker
- 4 inch kaneelstokje
- 12 kruidnagels, heel
- 1 schil van 1/2 citroen, in plakjes gesneden
- 1 reepjes
- 2 vijfde droge wijn
- $\frac{1}{4}$ kopje citroensap

Routebeschrijving

a) Combineer cranberrysap, water, suiker, kaneel, kruidnagel en citroenschil in een steelpan. Breng aan de kook en roer tot de suiker is opgelost.

b) Laat sudderen, onafgedekt, 15 minuten, zeef. Voeg wijn en citroensap toe, verwarm grondig, maar NIET KOOK.

Strooi nootmuskaat over elke portie, indien gewenst.

12. Peper wijn

Ingrediënt

- 6 Peper, rood, heet; vers
- 1 pint Rum, licht

Routebeschrijving

a) Doe de hele pepers in een glazen pot en giet de rum (of droge sherry) erbij. Sluit de pot goed af met het deksel en laat 10 dagen staan voordat u ze gebruikt.

b) Gebruik een paar druppels in soepen of saus. Peperazijn wordt op dezelfde manier gemaakt.

c) Als er geen verse pepers verkrijgbaar zijn, kunnen ook hele, gedroogde pepers worden gebruikt.

13. Ananas in portwijn

Ingrediënt

- 1 middelgrote ananas, schoongemaakt (ongeveer 1,1 kg)
- Fijngesneden schil van 1 sinaasappel
- Fijngesneden schil van 1/2 grapefruit
- 4 eetlepels lichtbruine suiker, of naar smaak
- $\frac{3}{4}$ kopje ananassap
- $\frac{1}{2}$ kopje port

Routebeschrijving

a) Dit is een bijzonder goede behandeling voor een ananas die niet zo zoet blijkt te zijn als hij zou moeten zijn. Hoe beter de port, hoe beter het dessert. Maak dit dessert een dag van tevoren voor de beste smaak.

b) Schil, snijd en ontpit de ananas en snijd in blokjes van 2,5 cm of dunne plakjes. Kook de schillen, suiker en ananassap in een pan. Kook tot de schillen zacht zijn, ongeveer 5 minuten. Voeg de ananasstukjes toe terwijl de vloeistof nog warm is en roer de port erdoor.

c) Koel minstens 8 uur, of een nacht. Laat op kamertemperatuur komen voor het serveren, anders gaan de smaken verloren.

14. Rabarberwijn

Ingrediënt

- 3 pond rabarber
- 3 pond witte suiker
- 1 theelepel gistvoeding
- 1 gallon heet water (hoeft niet kokend te zijn)
- 2 Campden tabletten (vermalen)
- Wijngist

Routebeschrijving

a) Snijd je rabarberstengels in stukken en vries ze een paar dagen in plastic zakken in voordat je de wijn maakt. Ik snap echt niet waarom dit een verschil zou moeten maken, maar dat doet het wel. Als je verse rabarber gebruikt, wordt de wijn nooit zo lekker.

b) Je moet geduld hebben. Rabarberwijn kan na acht maanden saai smaken en na tien maanden echt lekker. Je moet het laten rijpen.

c) Gebruik bevroren rabarber in stukken. Doe het in de primaire fermentor samen met de suiker. Dek af en laat 24 uur staan. Voeg het hete water toe, meng alles en zeef de rabarber eruit .

d) ingrediënten toe als deze lauw is .

e) Dek af en laat het drie of vier dagen fermenteren. Hevel de vloeistof vervolgens over in gallons kruiken met fermentatiesloten.

15. Warme kruidenwijn

Ingrediënt

- $\frac{1}{4}$ liter witte of rode wijn (1 kopje plus 1 eetlepel) 6 suikerklontjes, of naar smaak

- 1 hele kruidnagel

- 1 klein stukje citroenschil

- Een klein kaneelstokje

Routebeschrijving

a) Voeg alle ingrediënten toe en verwarm tot het bijna kookt.

b) Giet het in een voorverwarmd glas , wikkel het glas in een servet en serveer direct.

16. Wijn met cranberry-infusie

Ingrediënt

- 2 kopjes droge witte wijn, zoals Sauvignon Blanc of Chardonnay
- 1 kopje verse of bevroren ontdooide veenbessen

Routebeschrijving

a) Doe de wijn en de cranberries in een goed afsluitbare container.

b) Dek af en schud een paar keer. Laat een nacht op kamertemperatuur staan. Zeef voor gebruik; gooi de cranberries weg.

17. Frambozenmunt-geïnfuseerde wijn

Ingrediënt

- 1 kopje verse frambozen
- 1 klein bosje verse munt
- 1 fles witte wijn, droog of zoet, naar eigen voorkeur

Routebeschrijving :

a) Doe de frambozen en munt in een pot van een liter. Gebruik een lepel om de frambozen lichtjes te pletten.

b) Giet de hele fles wijn over de frambozen en munt, doe het deksel erop en zet het op een rustige plek in de keuken.

c) Laat het aftreksel 2-3 dagen trekken en zeef vervolgens de frambozen en munt door een fijne zeef. Geniet ervan!

18. Liefdevolle wijn

Ingrediënt

- 1 glazen pot van 1 liter of 1 kwart gallon
- 2 tl kaneelpoeder of 2 kaneelstokjes
- 3 tl gemberwortelpoeder of verse gemberwortel geschild, ongeveer 2,5 cm lang
- optie 1 - 2,5 cm stukje vanilleboon of 1 tl vanille-extract
- of optie 2 -- 2 kardemompeulen + 2 steranijs
- 3 kopjes rode wijn of een fles van 750 ml

Routebeschrijving :

a) Voeg de rode wijn toe aan de pot

b) Voeg de kruidencomponenten toe

c) Roer tot het ingrediënt gemengd is .

d) Doe het deksel op de pot. Zet hem 3-5 dagen in een koele, donkere kast.

e) Goed zeven (of 2x) in een andere pot of een mooie glazen karaf. Klaar!!!

19. Appels in rode wijn

Ingrediënt

- 1 kilogram Appels (2 1/4 pond)
- 5 deciliter rode wijn (1 pint)
- 1 kaneelstokje
- 250 gram suiker

Routebeschrijving

a) Kook de wijn, kaneel en suiker tien uur van tevoren op hoog vuur gedurende tien minuten in een brede, ondiepe pan.

b) Schil de appels en snijd ze met een meloenboor van ongeveer 2,5 cm doorsnee in kleine balletjes.

c) Gooi de appelballetjes in de hete wijn. Ze mogen elkaar niet overlappen: daarom heb je een brede, ondiepe pan nodig. Laat ze 5 tot 7 minuten sudderen, afgedekt met aluminiumfolie om ze ondergedompeld te houden.

d) Als de appels gaar zijn maar nog stevig, haal je de pan van het vuur. Laat de appelballetjes ongeveer 10 uur in de rode wijn macereren tot ze een mooie rode kleur krijgen.

e) Serveren: goed gekoeld, met een bolletje vanille-ijs of in een selectie van koude fruitdesserts.

20. Bajan peperwijn

Ingrediënt

- 18 "wijnpepers" of een vergelijkbare hoeveelheid van de kleine rode pepers
- Barbados witte rum
- Sherry

Routebeschrijving

a) Verwijder de steeltjes van de pepers, doe ze in een fles en giet er rum overheen. Laat ze twee weken staan.

b) Zeef het mengsel en verdun het met sherry tot de gewenste "pittigheid".

21. Oranje dessertwijn

Ingrediënt

- 5 Sinaasappels
- 2 citroenen
- 5 liter wijn, droge witte wijn
- 2 pond suiker
- 4 kopjes brandewijn
- 1 vanilleboon
- 1 stuk (1/2) sinaasappelschil, gedroogd

Routebeschrijving

a) Rasp de schil van de sinaasappels en citroenen en bewaar ze. Snijd het fruit in vieren en doe het in een demi-john of andere grote container (kruik of glas).

b) Giet de wijn erbij en voeg de geraspte velletjes, suiker, brandewijn, vanillestokje en een stukje gedroogde sinaasappelschil toe.

c) Sluit de pot af en bewaar hem op een koele, donkere plek gedurende 40 dagen.

Zeef door een doek en fles. Serveer gekoeld.

22. Sinaasappel met rode wijnsiroop

Ingrediënt

- 2 kopjes volle rode wijn
- ½ kopje suiker
- 1 3" kaneelstokje
- 2 middelgrote oranje honingmeloenen of meloenen met oranje vruchtvlees

Routebeschrijving

a) Doe de wijn, suiker en kaneel in een middelgrote niet-reactieve steelpan. Breng aan de kook op hoog vuur en laat het ongeveer 12 minuten inkoken tot de helft.

b) Verwijder de kaneel en laat de siroop afkoelen tot kamertemperatuur

c) Halveer de meloenen overdwars en gooi de zaadjes weg. Snijd een dun plakje van de onderkant van elke meloenhelft zodat deze rechtop blijft staan en leg elke helft op een bord.

d) Giet de rode wijnsiroop in de meloenhelften en serveer met grote lepels.

23. Oranje wijn

Ingrediënt

- 3 sinaasappelen; gehalveerd
- 1 kopje suiker
- 1 liter witte wijn
- 2 middelgrote sinaasappelen
- 20 hele kruidnagels

Routebeschrijving

a) In een pan, op middelhoog vuur, pers de sinaasappelhelften uit in de pan, voeg de uitgeperste sinaasappels en de suiker toe. Breng aan de kook, zet het vuur laag en laat 5 minuten sudderen. Haal van het vuur en laat volledig afkoelen.

b) Zeef in een pot van $1\frac{1}{2}$ liter en druk de sinaasappels met de achterkant van een lepel aan om al het sap eruit te krijgen. Roer de wijn erdoor. Steek de kruidnagels in de hele sinaasappels. Snijd de sinaasappels doormidden en doe ze in de pot.

c) Draai het deksel goed dicht en laat het minimaal 24 uur en maximaal 1 maand staan.

24. Gemberwijn

Ingrediënt

- ¼ pond gember
- 4 pond DC-suiker
- 1 gallon water
- 2 theelepels gist
- ½ pond gedroogd fruit
- ½ ounce foelie

Routebeschrijving

a) Plet gember en doe in een pot. Voeg alle andere ingrediënten toe en laat 21 dagen staan.

b) Zeef en doe in een fles.

25. Glühwein

Ingrediënt

- 1 fles rode wijn
- 2 Sinaasappels
- 3 Kaneelstokjes
- 5 Steranijs
- 10 hele kruidnagels
- 3/4 kopje bruine suiker

Routebeschrijving :

a) Doe alle ingrediënten behalve de sinaasappels in een middelgrote pan.

b) Schil de helft van een sinaasappel met een scherp mes of dunschiller. Vermijd het schillen van zoveel mogelijk merg (wit gedeelte), omdat dit een bittere smaak heeft.

c) Pers de sinaasappels uit en voeg ze samen met de sinaasappelschil toe aan de pan.

d) Verwarm het mengsel op middelhoog vuur tot het net stoomt. Zet het vuur laag en laat het sudderen. Verwarm het 30 minuten om de kruiden te laten trekken.

e) Zeef de wijn en serveer in hittebestendige glazen.

26. Wijnkoeler

Ingrediënt

- 1 portie
- ¾ kopje limonade
- ¼ kopje droge rode wijn
- Takje munt
- Maraschino kers

Routebeschrijving

a) Dit levert een kleurrijk en verfrissend drankje op als de vloeistoffen niet gemengd worden. Giet de limonade over gemalen ijs en voeg dan de rode wijn toe.

b) Garneer met een takje munt en een kers. Lekker voor warme dagen.

27. Wijn-eierpunch

Opbrengst: 20 porties

Ingrediënt

- 4 eiwitten
- 1 vijfde droge witte wijn
- ½ kopje vers citroensap
- 1 eetlepel citroenschil; geraspt
- 1 kopje honing
- 6 kopjes melk
- 1 kwart Half-en-half
- 1 nootmuskaat; vers geraspt

Routebeschrijving

a) Klop de eiwitten stijf en zet ze apart. Doe de wijn, citroensap, schil en honing in een grote pan. Verwarm, roer, tot het warm is en voeg dan langzaam melk en room toe.

b) Blijf verwarmen en roeren tot het mengsel schuimig is; haal van het vuur. Spatel de eiwitten erdoor en serveer in mokken met een snufje nootmuskaat erover.

28. Perzik wijnkoeler

Ingrediënt

- 16 ons ongezoete perziken; ontdooid
- 1 liter perziksap
- 750 milliliter Droge witte wijn; = 1 fles
- 12 ons abrikozennectar
- 1 kopje suiker

Routebeschrijving

a) Pureer perziken in een blender of keukenmachine. Doe de perziken en de rest van de ingrediënten in een bakje .

b) Dek af en laat 8 uur of een nacht afkoelen zodat de smaken zich kunnen mengen. Bewaar in de koelkast. Serveer gekoeld.

29. Groene thee-wijn

Ingrediënt :

- 8 volle theelepels losse groene thee
- 1 fles (750 ml) Sauvignon Blanc
- Eenvoudige siroop - Optioneel
- Sodawater of limonade - Optioneel

Routebeschrijving :

a) Laat de theeblaadjes direct in de fles wijn trekken. Dit gaat het makkelijkst met behulp van een trechtertje, zodat de blaadjes niet overal heen vliegen.

b) Doe de kurk er weer op of gebruik een flessenstop en zet de fles vervolgens een nacht in de koelkast, of minimaal 8 uur.

c) Wanneer u de wijn wilt drinken, zeef dan de blaadjes eruit met een zeef en doe de wijn opnieuw in flessen.

d) Voeg naar smaak siroop en frisdrank of limonade toe (optioneel).

30. Verfrissende wijndaiquiri

Ingrediënt

- 1 blikje (6-oz) bevroren limonade
- 1 pak (280 gram) bevroren aardbeien; licht ontdooid
- 12 ons witte wijn
- IJsblokjes

Routebeschrijving

a) Doe de limonade, aardbeien en wijn in de blender.

b) Blend lichtjes. Voeg ijsblokjes toe en blijf blenden tot de gewenste consistentie.

31. Meloen-aardbeiencocktail

Ingrediënt

- 1 Charentals Oregon meloen
- 250 gram Aardbeien; gewassen
- 2 theelepels kristalsuiker
- 425 milliliter Droge witte wijn of mousserende wijn
- 2 takjes munt
- 1 theelepel zwarte peper; gemalen
- Sinaasappelsap

Routebeschrijving

a) Snijd de meloen in stukken en verwijder de pitten. Halveer de aardbeien en doe ze in een kom.

b) Haal de bolletjes uit de meloen met een uitsteker en doe ze in een kom. Bestrooi met de basterdsuiker, gehakte munt en zwarte peper.

c) Giet het sinaasappelsap en de wijn erover. Roer voorzichtig door elkaar en zet 30 minuten tot 1 uur in de koelkast.

d) Presenteer de cocktail in de meloenschillen of in een presenteerglas.

32. Juweelwijn glinstert

Ingrediënt

- 1 grote citroengelei
- 1 kopje water, kokend
- 1 kopje water, koud
- 2 kopjes roséwijn
- $\frac{1}{2}$ kopje pitloze groene druiven
- $\frac{1}{2}$ kopje verse bosbessen
- 311 gram mandarijnpartjes, uitgelekt
- Slablaadjes

Routebeschrijving

a) Los in een grote kom de jello op in kokend water; roer er koud water en wijn door. Laat afkoelen tot het dik is maar nog niet gestold, ongeveer 1-$\frac{1}{2}$ uur. Voeg de druiven, bosbessen en mandarijnpartjes toe.

b) Giet in individuele mallen of een geoliede 6-cup mal. Koel ongeveer 4 uur of tot het stevig is. Om te serveren, ontvorm op met sla beklede serveerborden.

33. Rozemarijnwijn en zwarte thee

Ingrediënt

- 1 fles claret; OF... andere volle rode wijn
- 1 liter zwarte thee, bij voorkeur Assam of Darjeeling
- ¼ kopje milde honing
- ⅓ kopje suiker; of naar smaak
- 2 sinaasappels in dunne plakjes gesneden en ontpit
- 2 kaneelstokjes (3 inch)
- 6 hele kruidnagels
- 3 takjes rozemarijn

Routebeschrijving

a) Giet de wijn en thee in een niet-corroderende steelpan. Voeg de honing, suiker, sinaasappels, kruiden en rozemarijn toe. Verwarm op laag vuur tot het nauwelijks stoomt. Roer tot de honing is opgelost.

b) Haal de pan van het vuur, dek af en laat minstens 30 minuten staan. Wanneer u

klaar bent om te serveren, verwarmt u
het tot het net stoomt en serveert u het
heet

34. E arl Grey Thee Spritzer

Ingrediënt

- 2 theezakjes van Aged Earl Grey
- 1 bakje bosbessen
- Een paar takjes verse munt
- ½ kopje agavesiroop
- 1 fles mousserende witte wijn
- 1 bakje ijsblokjes

Routebeschrijving

a) Breng twee kopjes water aan de kook en voeg de theezakjes toe. Laat ze 10 minuten trekken en voeg de agavesiroop toe aan het mengsel.

b) Roer een bakje ijsblokjes door het mengsel en zet het in de koelkast tot het is afgekoeld.

c) Als het mengsel is afgekoeld, voeg je de munt, bosbessen en mousserende wijn toe en roer je het geheel in een kan.

d) Genieten!

35. Warme chocolademelk met wijn

Ingrediënt

- ½ kopje volle melk
- ½ kopje halfvolle melk – vervang door gelijke delen volle melk en lichte slagroom, indien niet beschikbaar
- ¼ kopje/45 g pure chocoladechips
- ½ kopje droge rode wijn – bij voorkeur Shiraz
- Een paar druppels vanille-extract
- 1 eetlepel/15 ml suiker
- Klein snufje zout

Routebeschrijving :

a) Doe de volle melk, halfvolle melk, pure chocoladeblokjes, vanille-extract en zout in een pannetje en verwarm op laag vuur.

b) Roer constant om te voorkomen dat de chocolade op de bodem verbrandt, totdat deze volledig is opgelost. Zodra het lekker warm is, haal je het van het vuur en giet je de wijn erbij. Meng goed.

c) Proef de warme chocolademelk en pas de zoetheid aan met suiker. Giet in een warme chocolademelkmok en serveer direct.

36. Cranberry-wijnpunch

Ingrediënt

- 1½ liter Cranberrysapcocktail; gekoeld
- 4 kopjes Bourgogne of andere droge rode wijn; gekoeld
- 2 kopjes ongezoet sinaasappelsap; gekoeld
- Sinaasappelschijfjes (optioneel)

Routebeschrijving

a) Doe de eerste 3 ingrediënten in een grote kom en roer goed.

b) Garneer eventueel met sinaasappelschijfjes.

WIJN- GEÏNFUSEERD VOEDSEL

37. Fruit- en wijncompote

Ingrediënt

- 4 kleine peren
- 1 Sinaasappel
- 12 Vochtige pruimen
- Een 2,5 cm (1 inch) kaneelstokje
- 2 Korianderzaadjes
- 1 kruidnagel
- ¼ Laurierblad; (optioneel)
- ⅓ Vanillestokje
- 4 eetlepels basterdsuiker
- 1½ kopje goede rode wijn

Routebeschrijving

a) Schil de peren, was ze en snijd de sinaasappel in plakjes van ½ cm.

b) Leg de peren voorzichtig, met het steeltje omhoog, in de pan. Leg de pruimen tussen de peren en voeg kaneel, korianderzaad, kruidnagel, laurierblad, vanille en basterdsuiker toe.

c) Garneer met sinaasappelschijfjes en voeg wijn toe. Voeg indien nodig water toe, zodat er net genoeg vloeistof is om het fruit te bedekken.

d) Breng aan de kook, zet het vuur laag en pocheer de peren 25 tot 30 minuten tot ze zacht zijn. Laat het fruit afkoelen in de vloeistof.

e) Verwijder de kruiden en serveer het fruit en de vloeistof in een mooie schaal.

38. Chocolade Truffels

Ingrediënt

- 1 zak van 280 gram halfzoete chocoladechips
- 1/2 kopje slagroom
- 1 eetlepel ongezouten boter
- 2 eetlepels rode wijn
- 1 theelepel vanille-extract
- Toppings: gemalen gerookte amandelen, cacaopoeder, gesmolten chocolade en zeezout

Routebeschrijving :

a) Hak de chocolade fijn: Of u nu een blok chocolade of chocoladechips gebruikt, u moet de chocolade in stukjes hakken, zodat deze gemakkelijker smelt.

b) Doe de gehakte chocolade in een grote roestvrijstalen of glazen kom.

c) Verwarm de room en boter: Verwarm de room en boter in een kleine pan op middelhoog vuur, tot het begint te koken.

d) Meng de room met de chocolade: Zodra de vloeistof kookt, giet u deze direct in de kom over de chocolade.

e) Voeg extra vloeistoffen toe: Voeg de vanille en wijn toe en klop tot een glad mengsel.

f) Koelen: Dek de kom af met plasticfolie en zet hem ongeveer een uur in de koelkast (of 30 minuten tot 1 uur in de vriezer), tot het mengsel stevig is.

g) Rol Truffels: Zodra de truffels zijn afgekoeld, schep je ze eruit met een meloenboor en rol je ze met je handen. Dit wordt een rommeltje!

h) Bedek ze vervolgens met de toppings die je wilt. Ik hou van gemalen gerookte amandelen, cacaopoeder en gesmolten getemperde chocolade met zeezout.

39. IJs met aardbeien

Ingrediënt

- 2 pinten aardbeien
- ¼ kopje suiker
- ⅓ kopje droge rode wijn
- 1 hele kaneelstok
- ⅛ theelepel peper, versgemalen
- 1 pint vanille-ijs
- 4 takjes verse munt voor garnering

Routebeschrijving

a) Kleine aardbeien kunt u doormidden snijden. Grote aardbeien kunt u in vieren snijden.

b) Meng suiker, rode wijn en kaneelstokje in een grote koekenpan; kook op middelhoog vuur tot de suiker is opgelost, ongeveer 3 minuten. Voeg aardbeien en peper toe; kook tot de bessen iets zachter worden, 4 tot 5 minuten.

c) Haal de pan van het vuur, gooi het kaneelstokje weg en verdeel de bessen en de saus over de borden. Serveer met vanille-ijs en een takje munt, indien gewenst.

40. Meloenmousse in muskaatwijn

Ingrediënt

- 11 ons meloenvlees
- ½ kopje zoete muskaatwijn
- ½ kopje suiker
- 1 kopje slagroom
- ½ kopje suiker
- ½ kopje water
- Diverse soorten fruit
- 1½ eetlepel Gelatine
- 2 eiwitten
- 2 kopjes zoete muskaatwijn
- 1 Kaneelstokje
- 1 Vanillestokje

Routebeschrijving

a) Pureer het vruchtvlees van de meloen in een blender tot een gladde puree.

b) Doe de gelatine en ½ kopje Muskatwijn in een pannetje en breng aan de kook. Roer goed om ervoor te zorgen dat de gelatine volledig is opgelost. Voeg het gelatinemengsel toe aan de gepureerde meloen en roer goed. Zet het op een kom vol ijsblokjes.

c) Klop ondertussen de eiwitten stijf, voeg geleidelijk de suiker toe, tot het dik is. Doe de mousse in een kom.

d) Om de saus te maken, doe je de suiker en het water in een middelgrote pan, breng je het aan de kook en laat je het op laag vuur indikken tot het dik wordt en goudbruin kleurt. Voeg 2 kopjes Muskat-wijn, kaneelstokje, vanillestokje en een reepje sinaasappelschil toe. Kook.

41. Israëlische wijn-notencake

Ingrediënt

- 8 eieren
- 1½ kopje kristalsuiker
- ½ theelepel zout
- ¼ kopje sinaasappelsap
- 1 eetlepel sinaasappelschil
- ¼ kopje rode wijn
- 1¼ kopje matzecakemeel
- 2 eetlepels aardappelzetmeel
- ½ theelepel kaneel
- ⅓ kopje amandelen; zeer fijn gehakt

Routebeschrijving

a) Klop geleidelijk 1¼ kopje suiker en zout in het dooiermengsel tot het heel dik en licht van kleur is. Voeg sinaasappelsap, schil en wijn toe; klop op hoge snelheid tot het dik en licht is, ongeveer 3 minuten.

b) Zeef het meel, aardappelzetmeel en kaneel samen; vouw geleidelijk door het oranje mengsel tot het glad gemengd is. Klop de eiwitten op de hoogste snelheid tot de eiwitten in pieken staan maar niet droog zijn.

c) Spatel de meringue lichtjes door het mengsel. Spatel de noten voorzichtig door het beslag.

d) Doe het mengsel in een ingevette 25 cm grote buisvorm, waarvan de bodem bekleed is met bakpapier.

e) Bakken op 325 graden.

42. Wijnkoekjes

Opbrengst: 12 porties

Ingrediënt

- 1¼ kopje bloem
- 1 snufje zout
- 3 ons bakvet (Oleo)
- 2 ons suiker
- 1 Ei
- ¼ kopje sherry

Routebeschrijving

a) Bereid het voor zoals je dat voor gewone koekjes zou doen, dat wil zeggen: combineer droge ingrediënten en snijd ze in oleo. Combineer ei en sherry en meng tot een zacht deeg.

b) Uitrollen op een met bloem bestoven oppervlak. Snijden met koekjesvorm, op bakplaten leggen en bestrooien met een beetje suiker of bloem. Bakken op 350, 8 tot 10 minuten.

43. Kruisbessenwijnfondue

Ingrediënt

- 1½ pond kruisbessen; ontdaan van kroontjes en steeltjes
- 4 ons kristalsuiker
- ⅔ kopje droge witte wijn
- 2 theelepels maizena
- 2 eetlepels lichte room
- Brandewijn knapt

Routebeschrijving

a) Houd een paar kruisbessen apart voor de garnering en zeef de rest tot een puree.

b) Meng in een fonduepan de maïsmeel glad met de room. Roer de kruisbessenpuree erdoor en verwarm tot het glad en dik is, roer regelmatig.

c) Garneer met de achtergehouden kruisbessen en serveer met brandewijnkroketjes.

44. Cake en wijnpudding

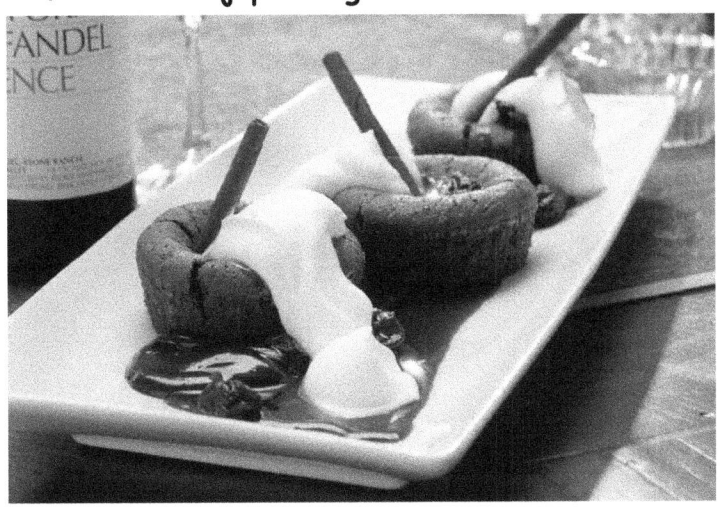

Ingrediënt

- Macarons
- 1 pint wijn
- 3 Eigeel
- 3 Eiwit
- Biscuittaart
- Lange vingers
- 1 theelepel maizena
- 3 theelepels suiker
- $\frac{1}{2}$ kopje Noten, gehakt

Routebeschrijving

a) Doe stukjes biscuit, lange vingers of een vergelijkbare cake in een aardewerken schaal (vul ongeveer $\frac{1}{2}$ vol). Voeg een paar macarons toe. Verwarm de wijn. Meng de maïzena en suiker door elkaar en voeg langzaam de wijn toe.

b) Klop de eidooiers los en voeg toe aan het wijnmengsel. Kook ongeveer 2 minuten.

Giet over de cake en laat afkoelen.
Bedek de cake met het stijfgeklopte
eiwit en bestrooi met de gehakte noten.

c) Bak op 325-F gedurende een paar
minuten om te bruinen. Serveer koud

45. Granita van rode wijn en bosbessen

Ingrediënt

- 4 kopjes verse bosbessen
- 2 kopjes suikersiroop
- 2 kopjes Bourgogne of droge rode wijn
- 4½ kopje suiker
- 4 kopjes water

Routebeschrijving

a) Zeef de bosbessen in een grote pan met zeef, gooi de vaste delen weg. Voeg siroop en wijn toe, breng het mengsel aan de kook, zet het vuur lager en laat het 3-4 minuten onafgedekt sudderen. Giet het mengsel in een 8-inch vierkante schaal, dek af en vries het minstens 8 uur in of tot het stevig is.

b) Haal het mengsel uit de vriezer en schraap het hele mengsel met de tanden van een vork tot het luchtig is. Schep het in een bakje; dek het af en vries het in voor maximaal een maand.

c) Basissuikersiroop: Meng in een pan, goed roeren. Breng aan de kook, kook tot de suiker is opgelost.

46. Meloen- en bosbessencoupe

Ingrediënt

- 1½ kopje droge witte wijn
- ½ kopje suiker
- 1 Vanillestokje; in de lengte doorgesneden
- 2 ⅓ kopje Cantaloupeblokjes; (ongeveer 1/2 meloen)
- 2 ⅓ kopje honingdauwblokjes
- 2 ⅓ kopje watermeloenblokjes
- 3 kopjes verse bosbessen
- ½ kopje gehakte verse munt

Routebeschrijving

a) Meng ½ kopje wijn en suiker in een kleine steelpan. Schraap de zaadjes uit het vanillestokje; voeg het stokje toe. Roer op laag vuur tot de suiker is opgelost en de siroop heet is, ongeveer 2 minuten. Haal van het vuur en laat 30 minuten trekken. Haal het vanillestokje uit de siroop.

b) Doe al het fruit in een grote kom. Voeg munt en de resterende 1 kop wijn toe aan de suikersiroop. Giet over het fruit. Dek af en zet minstens 2 uur in de koelkast.

c) Doe het fruit en wat siroop in grote glazen met steeltjes.

47. Limoentaart met wijnroom

Ingrediënt

- 1¼ kopje gekoelde slagroom
- 6 eetlepels suiker
- 2 eetlepels zoete dessertwijn
- 1½ eetlepel vers citroensap
- 1 eetlepel fijngehakte walnoten
- ¼ kopje suiker
- ½ theelepel zout
- ¾ kopje gekoelde ongezouten boter
- 2 grote eidooiers en 4 grote eieren
- ½ kopje vers limoensap en 1 eetlepel geraspte limoenschil

Routebeschrijving

a) Meng room, suiker, wijn en citroensap in een mengkom en klop tot er zachte pieken ontstaan. Spatel voorzichtig de noten erdoor.

b) Meng bloem, suiker en zout in de keukenmachine. Voeg boter toe; meng met aan/uit-draaiingen tot het mengsel op grof meel lijkt. Klop de dooiers en het water in een kom. Voeg toe aan de keukenmachine; meng met aan/uit-draaiingen tot er vochtige klonten ontstaan. Bak 20 minuten.

c) Klop eieren en suiker in een kom tot ze licht en romig zijn. Zeef bloem in het eimengsel; klop tot ze gemengd zijn. Voeg karnemelk toe. Smelt boter met limoensap en klop in het eimengsel. Giet de vulling in de korst.

48. Matze-wijnbroodjes

Ingrediënt

- 8 Vierkanten matze
- 1 kopje zoete rode wijn
- 8 ons halfzoete chocolade
- ½ kopje melk
- 2 eetlepels cacao
- 1 kopje suiker
- 3 eetlepels brandewijn
- 1 theelepel instantkoffiepoeder
- 2 stokjes margarine

Routebeschrijving

a) Verkruimel de matze en week in de wijn. Smelt de chocolade met de melk, cacaopoeder, suiker, brandewijn en koffie op heel laag vuur.

b) Haal van het vuur en voeg de margarine toe. Roer tot het gesmolten is.

c) Voeg de matze toe aan het chocolademengsel. Verdeel het mengsel in twee helften. Vorm elke helft tot een lange rol en wikkel deze strak in aluminiumfolie . Laat een nacht in de koelkast staan, verwijder de aluminiumfolie en snijd in plakken.

d) Zet vier papieren bekertjes in de magnetron en serveer.

49. Moustokouloura

Ingrediënt

- 3½ kopje bloem voor alle doeleinden plus extra voor het kneden
- 2 theelepels zuiveringszout
- 1 eetlepel versgemalen kaneel
- 1 eetlepel versgemalen kruidnagel
- ¼ kopje milde olijfolie
- 2 eetlepels honing
- ½ kopje Griekse wijnmostsiroop
- ½ sinaasappel
- 1 kopje sinaasappelsap

Routebeschrijving

a) Zeef de bloem, bakpoeder, kaneel en kruidnagels in een grote kom en maak een kuiltje in het midden.

b) In een kleinere kom, klop de olijfolie met de honing, petimezi, geraspte sinaasappelschil en $\frac{1}{2}$ sinaasappelsap en giet in de kuil. Meng tot een deeg .

c) Leg het deeg op een met bloem bestoven werkvlak en kneed het ongeveer 10 minuten, totdat het glad maar niet stijf is.

d) Breek stukjes deeg af, ongeveer 2 eetlepels per stuk, en rol ze tot slangen van ongeveer 1,5 cm in diameter.

e) Bak ze in een voorverwarmde oven op 190°C gedurende 10-15 minuten, tot ze bruin en knapperig zijn, maar niet te hard.

50. Sinaasappel-wijnwafels

Ingrediënt

- 2½ eetlepel sinaasappelschil
- 2 kopjes bloem voor gebak of alle doeleinden
- ½ theelepel zout
- 1 theelepel bakpoeder
- 2 eetlepels (1/4 stokje) boter of
- Margarine, zacht gemaakt
- ½ kopje witte wijn

Routebeschrijving

a) Verwarm de oven voor op 175°C.

b) Om de schil te bereiden, rasp je de buitenste schil van de sinaasappels lichtjes met een kaasrasp.

c) In een grote kom meng de bloem, sinaasappelschil, zout en bakpoeder. Snijd de boter erdoor en voeg langzaam de wijn toe.

d) op een met bloem bestoven oppervlak het linker derde deel van het deeg over het middelste derde deel. Vouw op dezelfde manier het rechter derde deel over het midden.

e) Rol het deeg deze keer iets dunner uit, ongeveer 3 mm dik.

f) Snijd het met een scherp mes in vierkantjes van 5 cm .

g) Prik elke cracker 2 of 3 keer helemaal door met de tanden van een vork. Bak 15 tot 20 minuten, tot ze lichtbruin zijn.

51. Sinaasappel amandelcake

Ingrediënt

- ½ kopje ongezouten boter - (1 stokje); zacht
- 1 kopje kristalsuiker
- 2 eieren
- 2 theelepels vanille
- ½ theelepel amandelextract
- ¼ kopje gemalen ongepelde amandelen
- 2 theelepels geraspte sinaasappelschil
- 1½ kopje bloem voor alle doeleinden; plus
- 2 eetlepels bloem voor alle doeleinden
- 2 theelepels bakpoeder
- 1 theelepel zout
- 1 kopje zure room
- 1 pint frambozen of aardbeien
- ½ kopje mousserende wijn

Routebeschrijving

a) Klop de boter en de suiker tot een licht en luchtig mengsel.

b) Voeg eieren, vanille, amandelextract, amandelen en sinaasappelschil toe; klop op lage stand tot het gemengd is. Zeef bloem, bakpoeder en zout samen; voeg afwisselend toe aan het botermengsel met zure room.

c) Giet het beslag in de pan; tik zachtjes om het gelijkmatig te maken. Bak ongeveer 20 minuten.

d) Laat 10 minuten afkoelen; haal uit de cakevorm of verwijder de zijkanten van de springvorm. Bestrooi de bessen met suiker en meng ze met genoeg mousserende wijn om ze goed te bevochtigen.

e) Leg de taart op een bord en garneer met de bessen en het sap.

52. Pruimentaart met crème fraîche

Ingrediënt

- 10 inch zoete deegbodem; tot 11
- 550 gram Pruimen; gewassen
- 2 eetlepels kristalsuiker
- 125 milliliter portwijn
- 1 Vanillestokje in het midden doorgesneden
- ½ pint room
- 1-ounce bloem
- 2 ons suiker
- 2 eidooiers
- 2 Bladgelatine; geweekt

Routebeschrijving

a) Verwijder de pitten uit de pruimen en snijd ze in vieren. Bak de zoete deegbodem blind en laat afkoelen.

b) Maak de crème pat door ei en suiker in een kom boven heet water te mengen. Voeg een eetlepel room toe en voeg geleidelijk de bloem toe. Voeg meer room toe en doe in een schone pan en verwarm opnieuw.

c) Leg een dikke laag crème op de bodem van de taartbodem en strijk het glad met een paletmes of plastic schraper.

d) Verdeel de pruimen over het deeg en bak ze 30-40 minuten in de oven.

e) Laat de suiker sudderen in de portwijn en voeg het vanillestokje toe, laat de vloeistof iets inkoken. Voeg de bladgelatine toe en laat iets afkoelen. Haal de taart eruit en laat afkoelen, giet over de portglazuur en laat in de koelkast opstijven. Snijd in plakken en serveer met crème fraîche.

53. Rode wijn brownies

Ingrediënt

- ¾ kopje (177 ml) rode wijn
- ½ kopje (60 g) gedroogde veenbessen
- 1 ¼ (156 g) kopjes bloem voor alle doeleinden
- ½ theelepel zeezout
- ½ kopje (115 g) gezouten boter, plus extra om in te vetten
- 180 g pure of halfzoete chocolade
- 3 grote eieren
- 1 ¼ kopje (250 g) suiker
- ½ kopje (41 g) ongezoete cacaopoeder
- ½ kopje (63 g) gehakte walnoten (optioneel)

Routebeschrijving :

a) Meng in een kleine kom de rode wijn en de cranberries en laat 30 minuten tot een uur staan of tot de cranberries er mollig uitzien. Je kunt de wijn en de cranberries voorzichtig opwarmen op het fornuis of in de magnetron om het proces te versnellen.

b) Verwarm de oven voor op 175 graden Celsius en vet een bakvorm van 20x20 cm in en bestuif deze met bloem.

c) Meng de bloem en het zeezout in een kom en zet het apart.

d) Verwarm de boter en chocolade in een kom boven kokend water tot ze gesmolten zijn en goed gemengd zijn.

e) Haal de kom van het vuur en klop de eieren er één voor één door. (Als de kom erg heet lijkt, kun je hem het beste 5 minuten laten afkoelen voordat je de eieren toevoegt.)

54. Vanille panna cotta

Ingrediënt

- Room - 2 kopjes
- Suiker, plus 3 eetlepels - 1/4 kopje
- Vanillestokjes - beide doormidden gesplitst, zaadjes uit één geschraapt - 1
- Vanillepasta - 1/2 tl
- Olie - 1 eetlepel
- Poedergelatine gemengd met 90 ml koud water - 2 tl
- Bakje aardbeien - 125 g
- Rode wijn - 1/2 kopje

Routebeschrijving :

a) Verwarm de room en 1/2 kopje suiker zachtjes in een pan tot alle suiker is opgelost. Haal van het vuur en roer het vanille-extract en 1 vanillestokje erdoor, samen met de zaadjes die eruit zijn geschraapt.

b) Strooi de gelatine in een grote kom over het koude water en roer voorzichtig door.

c) Giet de opgewarmde room over de gelatine en meng grondig tot de gelatine is opgelost. Zeef het mengsel door een zeef.

d) Verdeel het mengsel over de ingevette kommen en zet het in de koelkast tot het is opgesteven. Dit duurt meestal tot 3 uur .

e) Verhit de rode wijn, 6 eetlepels suiker en het resterende vanillestokje in een pan tot het kookt.

f) Spoel de aardbeien af, verwijder de kroontjes, snijd ze in plakjes en voeg ze toe aan de siroop . Lepel de siroop vervolgens over de vrijgekomen panna cotta.

55. Wijntaart

Ingrediënt

- 140 gram bloem
- 1 theelepel bakpoeder
- 60 gram ongezouten boter
- 1 snufje zout
- 120 gram basterdsuiker
- 1 theelepel gemalen kaneel
- 10 gram bloem (1/4 oz.)
- ½ theelepel suiker
- 3 eetlepels melk
- 100 milliliter Goede droge witte wijn
- 15 gram boter (ca. 1/2 oz.)

Routebeschrijving

a) Deeg: doe de bloem, bakpoeder en zachte boter in een grote kom. Voeg het zout en de suiker toe. Voeg de melk toe .

b) Leg het deeg op de bodem van de vorm.

c) Meng de suiker, kaneel en bloem door elkaar. Strooi dit mengsel over de bodem van de taart. Giet de wijn over het suikermengsel en meng het met je vingertoppen.

d) Bak de taart onderin de voorverwarmde oven gedurende 15 ... 20 minuten.

e) Laat de taart afkoelen voordat u hem uit de vorm haalt.

56. Zabaglione

Ingrediënt

- 6 eidooiers
- ½ kopje suiker
- ⅓ kopje middelgrote witte wijn

a) Klop de eidooiers met een elektrische mixer in de dubbele boiler tot ze schuimig zijn. Klop de suiker er geleidelijk doorheen. Giet net genoeg heet water in de bodem van de dubbele boiler zodat het bovenste gedeelte het water niet raakt.

b) Bak de eidooiers op middelhoog vuur, voeg langzaam de wijn toe en klop op hoge snelheid tot het mengsel glad, bleek en dik genoeg is om in zachte bergjes te blijven staan.

c) Serveer direct in ondiepe glazen.

57. Winterfruit in rode wijn

Ingrediënt

- 1 citroen
- 500 milliliter rode wijn
- 450 gram basterdsuiker
- 1 Vanillestokje; gehalveerd
- 3 laurierblaadjes
- 1 Kaneelstokje
- 12 Zwarte peperkorrels
- 4 kleine peren
- 12 pruimen die niet geweekt hoeven te worden
- 12 abrikozen die niet geweekt hoeven te worden

Routebeschrijving

a) Schil een reepje citroenschil en halveer de citroen. Doe de citroenschil, suiker, wijn, vanillestokje, laurierblaadjes en specerijen in een grote niet-reactieve pan en kook, al roerend.

b) Schil de peren en wrijf ze in met de snijkant van de citroen om verkleuring te voorkomen. Breng de rodewijnsiroop weer aan de kook, zet het vuur laag en voeg de peren toe.

c) Voeg de pruimen en abrikozen toe aan de peren. Doe het deksel erop en laat ze helemaal afkoelen voordat je ze een nacht in de koelkast zet.

58. Citroen thee cake

Ingrediënt

- ½ kopje droge rode wijn
- 3 eetlepels vers citroensap
- 1½ eetlepel maizena
- 1 kopje verse bosbessen
- Snufje gemalen kaneel en nootmuskaat
- ½ kopje ongezouten boter; kamertemperatuur
- 1 kopje suiker
- 3 grote eieren
- 2 eetlepels geraspte citroenschil
- 2 eetlepels vers citroensap
- 1 theelepel vanille-extract
- 1½ kopje gezeefde cakemeel
- ½ theelepel bakpoeder en ¼ baksoda
- ¼ theelepel zout
- ½ kopje zure room

Routebeschrijving

a) Roer het water, de suiker, de droge rode wijn, het verse citroensap en de maïzena in een middelgrote pan.

b) Voeg bosbessen toe. Kook tot de saus dik genoeg is om de achterkant van de lepel te bedekken, onder voortdurend roeren, ongeveer 5 minuten.

c) Klop boter en suiker in een grote kom tot ze luchtig zijn. Klop de eieren erdoor, 1 voor 1. Klop de geraspte citroenschil, het citroensap en het vanille-extract erdoor. Zeef cakemeel, bakpoeder, zuiveringszout en zout in een middelgrote kom.

d) Giet het beslag in de voorbereide bakvorm. Bak de cake en laat hem vervolgens afkoelen op een rooster gedurende 10 minuten.

59. Wijn en saffraan Geïnfuseerde mosselen

Ingrediënt

- 2 uien, gepeld en gehalveerd
- 2 rode chilipepers, steel verwijderd
- 2 eetlepels olijfolie
- 1/2 tl saffraandraadjes, geweekt in 2 eetlepels heet water
- 300 ml droge witte wijn
- 500 ml visbouillon
- 2 eetlepels tomatenpuree
- Zeezoutvlokken en versgemalen zwarte peper
- 1 kg verse mosselen, baard verwijderd en schoongemaakt
- Enkele takjes tijm

Routebeschrijving :

a) Doe de uien en de chilipepers in de keukenmachine.

b) Zet de pan op een middelhoog vuur, voeg de uien en chilipepers toe en bak al roerend 5 minuten tot de uien glinsteren en zacht worden

c) Voeg het saffraandraadmengsel toe en kook 30 seconden. Voeg de wijn, visbouillon, tomatenpuree toe en breng goed op smaak met zout en peper. Breng aan de kook, zet het vuur laag en laat 5 minuten sudderen

d) Verhoog het vuur naar hoog, wanneer de saus kookt voeg de mosselen en tijmtakjes toe. Doe het deksel op de pan en kook 3-5 minuten, schud de pan af en toe, tot de mosselen open stomen

e) Serveer direct met knapperig brood

60. Sint-jakobsschelpen in wijnsaus

Ingrediënt

- 2 pond zeeschelpen
- 2 eetlepels olijfolie
- ¼ eetlepel chilivlokken
- 2 teentjes knoflook; fijngehakt
- 1 eetlepel witte wijn
- 1 eetlepel kerriepoeder
- 1 kleine tomaat; gepeld, ontpit en in stukjes gesneden
- ¼ kopje slagroom
- 2 eetlepels tabascosaus
- Zout en peper naar smaak
- 1 eetlepel Peterselie; fijngehakt

Routebeschrijving

a) Giet wat olijfolie in een van de koekenpannen op het fornuis. Voeg vervolgens de rode pepervlokken, knoflook en witte wijn toe. Voeg alle zeekammen toe aan de koekenpan. Dek de pan af en laat de zeekammen op middelhoog vuur koken tot de zeekammen stevig en ondoorzichtig worden .

b) Haal de pan van het vuur en doe de sint-jakobsschelpen in een grote serveerschaal. Voeg 1 eetlepel olie en het kerriepoeder toe aan een kleine steelpan en kook gedurende 1-2 minuten.

c) Voeg het bewaarde sint-jakobsschelpvocht toe aan de pan met olie en curry door $\frac{3}{4}$ kopje ervan door kaasdoek of een koffiefilter te zeven. Voeg aan dezelfde pan de tomatenstukjes, room, tabasco, zout, peper en peterselie toe en verwarm gedurende 2 tot 3 minuten.

.

61. Halibut steaks met wijnsaus

Ingrediënt

- 3 eetlepels Sjalotten; fijngehakt
- 1½ pond heilbotbiefstuk; 1 inch dik, in stukken van 4 inch gesneden
- 1 kopje droge witte wijn
- 2 middelgrote pruimtomaten; in stukjes gesneden
- ½ theelepel gedroogde dragon
- ¼ theelepel zout
- ⅛ theelepel peper
- 2 eetlepels olijfolie

Routebeschrijving

a) Verwarm de oven voor op 450 graden. Strooi sjalotten over de bodem van een 1-½ tot 2-quart ovenschaal. Leg de vis in een ondiepe ovenschaal en giet er wijn bij.

b) Strooi gehakte tomaat, dragon, zout en peper over de vis. Besprenkel met olie.

c) Bak 10 tot 12 minuten, tot de vis helemaal ondoorzichtig is. Haal de vis met een schuimspaan uit de oven en leg hem op een serveerschaal. Trek de huid eraf.

d) Zet de bakvorm (als deze van metaal is) op een fornuisbrander of giet vloeistof en groenten in een kleine steelpan. Kook op hoog vuur tot de saus iets is ingekookt, 1 tot 2 minuten. Schep de saus over de vis en serveer.

62. Griekse vleesrolletjes in wijnsaus

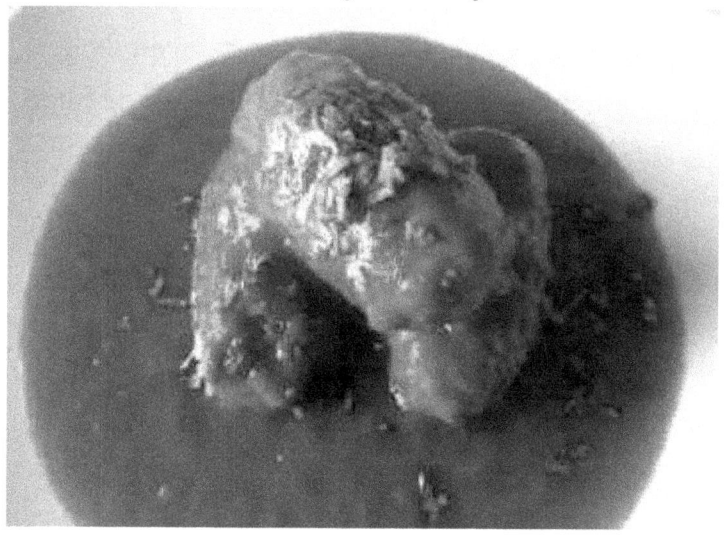

Ingrediënt

- 2 pond mager runder- of kalkoengehakt
- 4 sneetjes droog witbrood, verkruimeld
- Ui en knoflook
- 1 ei, licht geklopt
- 1 eetlepel suiker
- Snufje zout, komijn, zwarte peper
- Bloem (ongeveer 1/2 C.)
- 1 blikje (340 gram) tomatenpuree
- 1½ kopje droge rode wijn
- 2 theelepels zout
- Gestoomde rijst
- Gehakte peterselie

Routebeschrijving

a) Meng de droge ingrediënten tot ze goed gemengd en stevig zijn.

b) Bevochtig uw handen met koud water en vorm eetlepels van het vleesmengsel tot

rolletjes (stammen) van ongeveer 2-½"
tot 3" lang. Bestrijk elk rolletje lichtjes
met bloem.

c) Verhit ongeveer ½" olie in een diepe
koekenpan en bak de broodjes een paar
tegelijk bruin, zorg ervoor dat ze niet te
dicht op elkaar zitten. Haal de bruine
broodjes uit de pan en leg ze op
keukenpapier om uit te lekken.

d) Meng in een Dutch oven tomatenpuree,
water, wijn, zout en komijn. Voeg
vleesrolletjes toe aan de saus. Dek af en
laat 45 minuten tot een uur sudderen,
tot de vleesrolletjes gaar zijn. Proef de
saus en voeg indien nodig zout toe.

63. Linzen met geglaceerde groenten

Ingrediënt

- 1½ kopje Franse groene linzen; gesorteerd en gespoeld
- 1½ theelepel zout; verdeeld
- 1 laurierblad
- 2 theelepels olijfolie
- Ui, selderij, knoflook
- 1 eetlepel Tomatenpuree
- ⅔ kopje droge rode wijn
- 2 theelepels Dijonmosterd
- 2 eetlepels boter of extra vergine olijfolie
- Versgemalen peper naar smaak
- 2 theelepels verse peterselie

Routebeschrijving

a) Doe de linzen in een pan met 3 kopjes water, 1 tl. zout en het laurierblad. Breng aan de kook.

b) Verhit ondertussen de olie in een middelgrote koekenpan. Voeg de ui, wortel en selderij toe, breng op smaak met ½ tl. zout en bak op middelhoog vuur, onder regelmatig roeren, tot de groenten bruin zijn, ongeveer 10 minuten. Voeg de knoflook en tomatenpuree toe, bak nog 1 minuut en voeg dan de wijn toe.

c) Breng het aan de kook, zet het vuur lager en laat het, afgedekt, sudderen tot de vloeistof stroperig is.

d) Roer de mosterd erdoor en voeg de gekookte linzen en de bouillon toe.

e) Laat het geheel sudderen tot de saus bijna is ingekookt. Roer er dan de boter door en breng op smaak met peper.

64. Heilbot in groentesaus

Ingrediënt

- 2 pond heilbot
- ¼ kopje bloem
- ½ theelepel zout
- Witte peper
- 1 eetlepel gehakte peterselie
- ¼ kopje olijfolie
- 1 geplet teentje knoflook
- 1 grote, fijngesneden ui
- 1 geraspte wortel
- 2 stengels gehakte selderij
- 1 grote gesneden tomaat
- ¼ kopje water
- ¾ kopje droge witte wijn

Routebeschrijving

a) Meng bloem, zout, peper en peterselie: bestrooi de vis met het bloemmengsel. Verhit olijfolie in een koekenpan; voeg de heilbot toe en bak tot deze aan beide kanten goudbruin is.

b) Haal uit de pan en zet apart. Voeg knoflook, ui, wortel en selderij toe aan de pan: bak 10-15 minuten, tot ze zacht zijn. Voeg tomaat en water toe, laat 10 minuten sudderen.

c) Haal de saus van het vuur en giet in de blender; pureer. Roer de wijn erdoor. Doe terug in de pan: leg de vis in de saus. Dek af en laat 5 minuten sudderen.

65. Kruidenworsten in wijn

Ingrediënt

- ½ pond Italiaanse zoete worst
- ½ pond Italiaanse hete worst
- ½ pond Kielbasa
- ½ pond Buckhurst (kalfsworst)
- 5 bosuitjes, fijngehakt
- 2 kopjes droge witte wijn
- 1 eetlepel gehakte verse tijmblaadjes
- 1 eetlepel fijngehakte verse peterselie
- ½ theelepel Tabasco pepersaus

Routebeschrijving

a) Snijd de worsten in stukken van ½ inch. Bak de Italiaanse worst in een diepe koekenpan op middelhoog vuur gedurende 3 tot 5 minuten, of tot ze lichtbruin zijn. Giet het vet af. Voeg de resterende worst en de groene uien toe en bak nog 5 minuten.

b) Zet het vuur laag, voeg het resterende ingrediënt toe en laat 20 minuten sudderen, af en toe roeren. Serveer direct of houd warm in een chafing dish. Serveer met tandenstokers.

66. Visrolletjes in witte wijn

Ingrediënt

- ⅔ kopje pitloze groene druiven, gehalveerd
- ¾ kopje droge witte wijn
- Vier; (6 tot 8-ounce)
- bot zonder vel
- ⅓ kopje fijngehakte verse peterselieblaadjes
- 1 eetlepel fijngehakte verse tijm
- ¼ kopje fijngehakte ui
- 2 eetlepels ongezouten boter
- 1 eetlepel bloem voor alle doeleinden
- ¼ kopje slagroom
- 1 theelepel vers citroensap

Routebeschrijving

a) Laat de druivenhelften in een pannetje 1 uur weken in de wijn.

b) Halveer de filets in de lengte, bestrooi ze met zout en peper en bestrooi de ontvelde kanten met de peterselie en de tijm. Rol elke filethelft op met 1 van de achtergehouden druiven in het midden en zet vast met een houten prikker.

c) Doe de ui in de boter in een kleine pan, roer de bloem erdoor en kook de roux.

d) Voeg de room, de geweekte druiven, het citroensap en zout en peper naar smaak toe en laat de saus al roerend 3 minuten koken.

e) Giet eventueel vocht dat zich op het bord heeft verzameld af, verdeel de visrolletjes over 4 voorverwarmde borden en schep de saus erover.

67. Kruidentofu in witte wijnsaus

Ingrediënt

- 2 eetlepels (soja)margarine
- 1½ eetlepel bloem
- ½ kopje (soja)melk
- ½ kopje witte wijn
- 1 partje ui
- 1 snufje gemalen kruidnagel
- 1 snufje zout
- ½ pond of zo kruidentofu, in blokjes
- Je favoriete pasta, genoeg

Routebeschrijving

a) Smelt de margarine in een pan en roer er de bloem door. Laat het een beetje afkoelen en roer er dan de wijn en (soja)melk door.

b) Voeg ui, kruidnagel en zout toe aan de saus en roer op laag vuur tot de saus iets dikker wordt. Als het te dik wordt, voeg dan wat water toe. Voeg tofu toe en laat sudderen terwijl je de pasta kookt.

c) Serveer de tofu en saus over de pasta. Geef de ui aan degene die dat lekkerder vindt.

68. Gegrilde octopus in rode wijnmarinade

Ingrediënt

- 2 schoongemaakte octopussen van 1 1/2 pond
- Wortelen, selderij en ui
- 2 laurierblaadjes
- 2 theelepels zout
- Hele zwarte peperkorrels en gedroogde tijm
- 2 kopjes rode wijn
- 3 eetlepels extra vergine olijfolie
- 3 eetlepels rode wijnazijn
- 3 eetlepels droge rode wijn
- Zout, versgemalen zwarte peper
- 1 ⅓ kopje gezeefde octopuskookbouillon
- ¼ kopje extra vergine olijfolie
- 1 eetlepel citroensap
- 2 eetlepels boter

Routebeschrijving

a) In een grote braadpan octopus, wortels, selderij, ui, laurierblaadjes, zout, peper, tijm, rode wijn en water combineren. Aan de kook brengen .

b) Maak de marinade: meng in een kleine kom de marinade Ingrediënten . Giet over de octopus en hussel om te coaten.

c) Maak saus: meng in een kleine steelpan de gezeefde bouillon, olijfolie, citroensap en azijn. Roer de peterselie erdoor.

d) Grill het vlees 4 minuten en draai het regelmatig om, tot het licht geblakerd en warm is.

69. Gebakken zoete bakbananen in wijn

Ingrediënt

- 4 zeer rijpe bakbananen
- 1 kopje olijfolie
- ½ kopje bruine suiker
- ½ theelepel gemalen kaneel
- 1 kopje sherrywijn

Routebeschrijving

a) Verwarm de oven voor op 350F. Verwijder de schil van de bakbananen en snijd ze in de lengte doormidden. Verhit de olie in een grote koekenpan tot medium heet en voeg de bakbananen toe.

b) Bak ze tot ze aan beide kanten lichtbruin zijn. Leg ze in een grote ovenschaal en strooi er suiker overheen. Voeg kaneel toe en bedek met wijn. Bak ze 30 minuten, of tot ze een roodachtige kleur krijgen.

70. Pasta in citroen-witte wijnsaus

Ingrediënt

- 1½ pond Pasta; uw keuze
- 1 hele kipfilet; gekookt, julienne
- 280 gram asperges; geblancheerd
- ¼ kopje boter
- ½ kleine ui
- 4 eetlepels bloem voor alle doeleinden
- 2 kopjes droge witte wijn
- 2 kopjes kippenbouillon
- 12 theelepels citroenschil
- 1 eetlepel Verse tijm; gehakt
- 1 eetlepel Verse dille; gehakt
- 3 eetlepels Dijonmosterd
- Zout en peper; naar smaak
- Parmezaanse kaas; geraspt

Routebeschrijving

a) Kook pasta en houd Kipfilet koken en asperges blancheren; houd. Verwarm de boter in een grote pan op middelhoog vuur. Voeg de ui toe en bak ,tot lichtbruin en heel zacht.

b) Voeg de bloem toe en zet het vuur laag. Roer tot het helemaal gemengd is. Klop heel geleidelijk de witte wijn en bouillon erdoor.

c) Breng de saus aan de kook en laat 10 minuten sudderen. Roer de citroenschil, tijm, dille, mosterd erdoor en breng op smaak met zout en witte peper. Voeg de gekookte en julienne kip en asperges toe.

71. Pasta met mosselen in wijn

Ingrediënt

- 1 pond Mosselen (in hun schelp)
- Witte wijn (genoeg om een grote ondiepe pan ongeveer 1/2 inch te vullen)
- 2 grote teentjes knoflook, fijngehakt
- 2 eetlepels olijfolie
- 1 theelepel versgemalen peper
- 3 eetlepels gehakte verse basilicum
- 1 grote tomaat, grof gehakt
- 2 pond pasta

Routebeschrijving

a) Was de mosselen grondig, trek alle baarden eraf en schraap de schelpen indien nodig. Doe ze in een pan met wijn.

b) Dek de pan goed af en stoom tot de schelpen opengaan. Terwijl de mosselen een beetje afkoelen, verhit je de wijnbouillon op middelhoog vuur en voeg je de knoflook, olijfolie, peper, tomaat en basilicum toe.

c) Giet de saus over de hete linguini of fettucini en serveer!

72. Rode wijn fettucine en olijven

Ingrediënt

- 2½ kopje bloem
- 1 kopje griesmeel
- 2 eieren
- 1 kopje droge rode wijn
- 1 portie lumache alla marchigiana

Routebeschrijving

a) Bereiding van de pasta: Maak een kuiltje van de bloem en doe de eieren en de wijn in het midden.

b) Klop de eieren en de wijn met een vork door elkaar en begin met het toevoegen van de bloem, beginnend bij de binnenkant van het kuiltje.

c) Begin met het kneden van het deeg met beide handen, waarbij u uw handpalmen gebruikt.

d) Rol de pasta uit tot de dunste stand op de pastamachine. Snijd de pasta met de hand of met de machine in $\frac{1}{4}$ inch dikke noedels en leg ze apart onder een vochtige handdoek.

e) Breng 6 liter water aan de kook en voeg 2 eetlepels zout toe. Verwarm de slak tot hij kookt en zet hem opzij.

f) Doe de pasta in water en kook tot hij net gaar is. Giet de pasta af en doe hem in de pan met de slakken, goed omscheppen om te coaten. Serveer direct in een warme serveerschaal.

73. Orecchiette pasta en kip

Ingrediënt

- 6 grote kippendijen, zonder bot en vel
- Zout en versgemalen zwarte peper, naar smaak
- 2 eetlepels olijfolie of koolzaadolie
- ½ pond verse shiitake-paddestoelen
- Ui, knoflook, wortelen en selderij
- 2 kopjes stevige rode wijn
- 2 kopjes rijpe tomaten, in blokjes gesneden en ontpit
- 1 theelepel verse tijm/verse salie
- 4 kopjes kippenbouillon
- ⅓ kopje fijngehakte peterselie
- ½ pond Orecchiette Pasta, ongekookt
- ¼ kopje gehakte verse basilicum
- ¼ kopje uitgelekte zongedroogde tomaten
- Verse basilicum takjes

- Vers geschaafde Asiago of Parmezaanse kaas

Routebeschrijving

a) Kruid de kip en bak de kip op hoog vuur snel bruin.

b) Voeg champignons, ui, knoflook, wortelen en selderij toe en bak tot ze heel lichtbruin zijn. Doe de kip terug in de pan en voeg wijn, tomaten, tijm, salie en de bouillon toe en breng aan de kook. Roer de peterselie erdoor en houd warm.

c) Pasta bereiden en serveren. Garneren met basilicumblaadjes en geschaafde kaas .

74. Rundvlees met portobellosaus

Ingrediënt

- 500 gram mager rundergehakt
- ½ Droge rode wijn
- ½ theelepel peper; grof gemalen
- 4 eetlepels Roquefort- of stiltonkaas
- ¾ pond portobello's; (375 g of 4 med)

Routebeschrijving

a) Bruin het vlees in 2-4 minuten per kant

b) Giet er een half kopje wijn bij en maal royaal peper over de burgers.

c) Zet het vuur lager en laat het onafgedekt 3 minuten sudderen. Draai de burgers om, verkruimel de kaas erover en laat het onafgedekt sudderen tot de kaas begint te smelten, ongeveer 3 minuten.

d) Scheid ondertussen de stelen van de champignonhoedjes. Snijd de stelen en hoedjes in dikke plakken.

e) Voeg de champignons toe aan de wijn in de pan en roer voortdurend tot ze warm zijn .

f) Verdeel de champignons over de burgers en giet de saus eroverheen.

75. Italiaanse kaas en rode wijnworst

Ingrediënt

- 4 pond varkensvlees, zonder bot, schouder of kont
- 1 eetlepel venkelzaad, gemalen in een vijzel
- 2 laurierblaadjes, geplet
- ¼ kopje peterselie, gehakt
- 5 Knoflook, geperst
- ½ theelepel peper, rood, vlokken
- 3 theelepels zout, koosjer
- 1 theelepel peper, zwart, versgemalen
- 1 kopje kaas, parmezaanse kaas of romano, geraspt
- ¾ kopje wijn, rood
- 4 worstvellen (ongeveer

Routebeschrijving

a) Maal het vlees fijn in een keukenmachine of met de Kitchen Aid vleesmolen voor de mixer.

b) Meng alle ingrediënten en laat het 1 uur staan, zodat de smaken kunnen intrekken.

c) Vul de worsten met het Kitchen Aid worstvulhulpstuk of gebruik een worsttrechter.

76. Paddenstoelen en tofu in wijn

Ingrediënt

- 1 eetlepel Saffloerolie
- 2 teentjes knoflook, fijngehakt
- 1 grote ui, fijngesneden
- 1½ pond champignons, in plakjes gesneden
- ½ middelgrote groene paprika, in blokjes gesneden
- ½ kopje droge witte wijn
- ¼ kopje Tamari
- ½ theelepel Geraspte gember
- 2 theelepels sesamolie
- 1½ eetlepel maizena
- 2 stuks Cakes tofu, geraspt
- Geplette amandelen

Routebeschrijving

a) Verhit saffloer in een wok. Wanneer het heet is, voeg knoflook en ui toe en bak op matig laag vuur tot de ui glazig is. Voeg champignons, paprika, wijn, tamari, gember en sesamolie toe. Meng.

b) Los de maïzena op in een klein beetje water en roer dit in de pan.

c) Roer de tofu erdoor, doe het deksel op de pan en laat nog 2 minuten sudderen.

77. Abrikozen-wijnsoep

Ingrediënt

- 32 ons ingeblikte abrikozen; onuitgelekt
- 8 ons zure room
- 1 kopje Chablis of droge witte wijn
- ¼ kopje abrikozenlikeur
- 2 eetlepels citroensap
- 2 theelepels vanille-extract
- ¼ theelepel gemalen kaneel

Routebeschrijving

a) Doe alle ingrediënten in een blender of keukenmachine en mix tot een glad geheel.

b) Dek af en laat goed afkoelen. Schep de soep in individuele soepkommen. Garneer met extra zure room en gemalen kaneel.

78. Paddenstoelensoep met rode wijn

Ingrediënt

- 50 g; (2-3 oz) boter, (50 tot 75)
- 1 grote ui; gesneden
- 500 gram champignons; in plakjes (1 pond)
- 300 milliliter droge rode wijn; (1/2 pint)
- 900 milliliter groentebouillon; (1 1/2 pint)
- 450 milliliter slagroom; (3/4 pint)
- Een klein bosje verse peterselie; fijngehakt, om garnering

Routebeschrijving

a) Smelt 25 gram boter in een kleine koekenpan op middelhoog vuur en bak de ui 2-3 minuten, tot hij zacht is. Roer regelmatig.

b) Verhit nog eens 25 gram boter in een grote pan op middelhoog vuur.

c) Voeg de champignons toe en bak ze 8-10 minuten, tot ze zacht zijn .

d) Voeg de wijn toe en kook nog 5 minuten. Voeg de bouillon en ui toe en laat zachtjes sudderen, zonder te koken, op een laag vuur, gedurende 15 minuten.

e) Verwarm de soep vlak voor het serveren op laag vuur en roer de room erdoor.

79. Borleves (wijnsoep)

Ingrediënt

- 4 kopjes rode of witte wijn
- 2 kopjes water
- 1 theelepel geraspte citroenschil
- 8 kruidnagels
- 1 kaneelstokje
- 3 eidooiers
- $\frac{3}{4}$ kopje suiker

Routebeschrijving

a) Giet de wijn en het water in de pan. Voeg de geraspte citroenschil, de kruidnagels en de kaneel toe. Laat 30 minuten op laag vuur sudderen.

b) Haal van het vuur en gooi de kruidnagels en het kaneelstokje weg. Klop in de kleine mengkom de eidooiers los met een garde. Voeg de suiker beetje bij beetje toe en blijf kloppen tot het dik is. Roer het eidooiermengsel door de hete soep.

c) Zet de pan terug op het vuur en breng het aan de kook. Laat de soep niet koken, anders gaan de eidooiers stollen.
Serveer in warme mokken.

80. Kersenwijnsoep

Ingrediënt

- 1 ounce blik ontpitte zure rode kersen
- 1½ kopje water
- ½ kopje suiker
- 1 eetlepel snelkokende tapioca
- ⅛ theelepel gemalen kruidnagel
- ½ kopje droge rode wijn

Routebeschrijving

a) In een pan van 1½ liter roer je de ongedraineerde kersen, water, suiker, tapioca en kruidnagels door elkaar. Laat 5 minuten staan. Breng aan de kook.

b) Zet het vuur lager, doe de deksel op de pan en laat het 15 minuten zachtjes koken. Roer af en toe.

c) Haal van het vuur; roer de wijn erdoor. Dek af en laat afkoelen, af en toe roeren. Voor 6 tot 8 porties.

81. Deense appelsoep

Ingrediënt

- 2 grote appels, klokhuis verwijderd, geschild
- 2 kopjes water
- 1 kaneelstokje (2")
- 3 hele kruidnagels
- $\frac{1}{8}$ theelepel zout
- $\frac{1}{2}$ kopje suiker
- 1 eetlepel maizena
- 1 kopje verse pruimen, ongeschild en in plakjes gesneden
- 1 kopje verse perziken, geschild en gesneden
- $\frac{1}{4}$ kopje portwijn

Routebeschrijving

a) Doe de appels, het water, het kaneelstokje, de kruidnagels en het zout in een middelgrote pan.

b) Meng de suiker en maïzena en voeg dit toe aan het gepureerde appelmengsel.

c) Voeg de pruimen en perziken toe en laat het geheel zachtjes koken tot de vruchten zacht zijn en het mengsel iets dikker is geworden.

d) Voeg de portwijn toe.

e) Garneer de individuele porties met een klodder lichte zure room of magere vanilleyoghurt.

82. Cranberrywijn-jellosalade

Ingrediënt

- 1 grote verpakking frambozengelei
- 1¼ kopje kokend water
- 1 groot blik hele cranberrysaus
- 1 groot blik ongelekt gemalen
- Ananas
- 1 kopje gehakte noten
- ¾ kopje portwijn
- 8 ons roomkaas
- 1 kopje zure room
- Los de gelei op in kokend water. Roer de cranberrysaus er goed doorheen.

Routebeschrijving

a) Voeg ananas, noten en wijn toe. Giet in een glazen schaal van 9x13 inch en laat 24 uur afkoelen.

b) Roer voor het serveren de roomkaas tot deze zacht is, voeg zure room toe en klop goed. Smeer dit mengsel over de Jello .

83. Dijonmosterd met kruiden en wijn

Ingrediënt

- 1 kopje Dijonmosterd
- ½ theelepel basilicum
- ½ theelepel dragon
- ¼ kopje rode wijn

Routebeschrijving

a) Meng alle ingrediënten .

b) Laat het een nacht in de koelkast staan om de smaken te mengen voor gebruik. Bewaar het in de koelkast.

84. Wijn-geïnfuseerde Bucatini

Ingrediënt

- 2 eetlepels olijfolie, verdeeld
- 4 pittige Italiaanse varkensworstjes
- 1 grote sjalot, in plakjes gesneden
- 4 teentjes knoflook, fijngehakt
- 1 eetlepel gerookte paprika
- 1 snufje cayennepeper
- 1 snufje gemalen rode pepervlokken
- Zout, naar smaak
- 2 kopjes droge witte wijn,
- 1 blik (411 gram) geroosterde tomatenblokjes
- 1 pond bucatini
- 1 eetlepel ongezouten boter
- 1/2 kopje vers geraspte Parmezaanse kaas
- 1/2 kopje gehakte verse peterselie

Routebeschrijving :

a) in een grote pan of Dutch oven 1 eetlepel olijfolie op middelhoog vuur. Voeg worst toe en bak tot bruin, ongeveer 8 minuten.

b) Voeg knoflook toe en bak nog een minuut. Wanneer knoflook geurig en goudbruin is, voeg je de gerookte paprika, cayennepeper en rode pepervlokken toe. Breng op smaak met zout en peper .

c) Blus de pan af met de wijn en schraap eventuele bruine stukjes van de bodem van de pan.

d) Voeg de Fire Roasted Diced Tomatoes en water toe en breng aan de kook. Voeg de bucatini toe en kook .

e) Wanneer de pasta gaar is , roer je de achtergehouden worst, boter, Parmezaanse kaas en gehakte peterselie erdoor.

f) Breng op smaak met zout en peper en geniet ervan!

85. Asperges in wijn

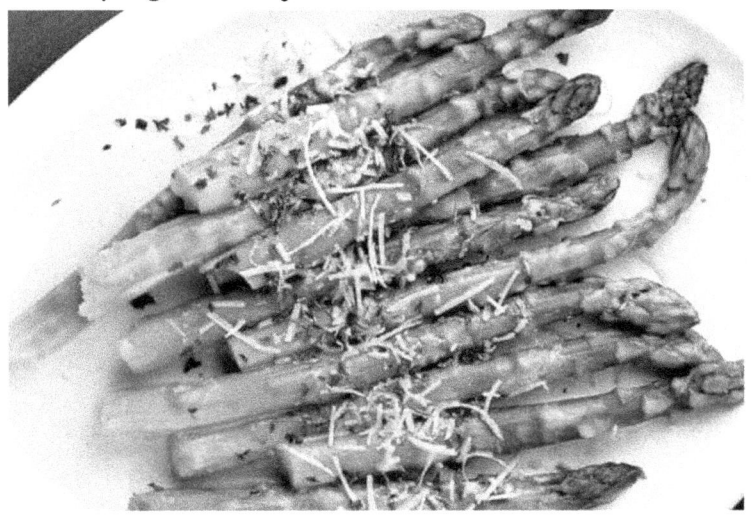

Ingrediënt

- 2 pond asperges
- Kokend water
- ¼ kopje boter
- ¼ kopje witte wijn
- ½ theelepel zout
- ¼ theelepel peper

Routebeschrijving

a) Was de asperges en breek de uiteinden eraf. Leg de asperges in een ondiepe pan en bedek ze met gezouten kokend water tot ze onder staan. Breng aan de kook en laat 8 minuten sudderen .

b) Giet af en doe in beboterde ramekins. Smelt boter en roer er wijn door. Giet over asperges. Bestrooi met zout, peper en kaas. Bak op 425' gedurende 15 minuten .

86. Wildkoteletten gemarineerd in mosterd en wijn

Ingrediënt

- 4 kariboe- of hertenkoteletten
- ¼ theelepel peper
- 1 theelepel zout
- 3 eetlepels Steengemalen mosterd
- 1 kopje rode wijn

Routebeschrijving

a) Wrijf de koteletten in met mosterd. Bestrooi met zout en peper. Bedek met wijn en laat een nacht in de koelkast marineren.

b) Grill of houtskoolgrill het vlees tot het medium-rare is en bestrijk het met de marinade.

87. Kippenvleugels met wijndressing

Ingrediënt

- 8 Kipvleugels
- ¼ kopje maizena
- 2 theelepels zout
- 1 kopje olijfolie
- 1 kopje dragonwijnazijn
- ¾ kopje droge witte wijn
- ½ theelepel droge mosterd
- Gedroogde basilicum, dragon, oregano en witte peper
- Olie om te frituren
- Zout, peper
- 1 kleine tomaat
- ½ middelgrote groene paprika
- ½ kleine ui in dunne ringen gesneden

Routebeschrijving

a) Haal de kip door maizena, gemengd met 2 theelepels zout en witte peper.

b) Verhit de olie in een zware koekenpan tot een diepte van 1,5 cm en bak de kip tot deze goudbruin en mals is, ongeveer 7 minuten aan elke kant.

c) Om de dressing te maken, meng je olie, azijn, wijn, knoflook, mosterd, suiker, basilicum, oregano en dragon. Breng op smaak met zout en peper.

d) Meng de plakjes tomaat, groene paprika en uien met de dressing en meng goed.

88. Oeufs en meurette

Ingrediënt

- Sjalotten; 6 gepeld
- 2½ kopje Beaujolaiswijn; plus
- 1 eetlepel Beaujolaiswijn
- 2 witte champignons; in vieren gesneden
- 3 plakjes spek; 2 grof gehakt
- 4 sneetjes Frans brood
- 3 eetlepels boter; zacht
- 2 teentjes knoflook; 1 hele, geplet,
- Plus 1 fijngehakt
- 1 laurierblad
- ½ kopje kippenbouillon
- 1¼ eetlepel bloem
- 1 eetlepel rode wijnazijn
- 4 grote eieren
- 1 eetlepel Peterselie

Routebeschrijving

a) Rooster sjalotten tot ze goed bruin zijn, en besprenkel ze met ½ kopje wijn. Voeg champignons toe aan de pan; plaats ze 5 minuten onder de hete grill, voeg grofgehakte bacon toe en gril.

b) Bereid de croûtes voor: Wrijf de sneetjes brood in met een geplet teentje knoflook en leg ze op een bakplaat. Grill ze.

c) Pocheer de eieren 2 minuten, tot ze net gaar zijn.

d) Giet de saus over de eieren, bestrooi met peterselie en serveer direct.

89. Risotto met rode wijn en paddenstoelen

Ingrediënt

- 28 gram eekhoorntjesbrood; gedroogd
- 2 kopjes kokend water
- 1½ pond champignons; cremini of wit
- 6 eetlepels ongezouten boter
- 5½ kopje kippenbouillon
- 170 gram pancetta; 0,6 cm dik
- 1 kopje ui; fijn gesneden
- Verse rozemarijn en salie
- 3 kopjes Arborio-rijst
- 2 kopjes droge rode wijn
- 3 eetlepels verse peterselie; fijngehakt
- 1 kopje Parmezaanse kaas; vers

Routebeschrijving

a) Doe de porcini in een kleine kom en laat ze 30 minuten weken in kokend water.

b) Bak pancetta op matig vuur. Voeg de apart gehouden fijngehakte cremini of witte champignons, de resterende eetlepels boter, ui, rozemarijn, salie en zout en peper naar smaak toe terwijl u roert tot de ui zacht is. Roer de rijst erdoor en kook .

c) Voeg 1 kopje zachtjes kokende bouillon toe en laat het, onder voortdurend roeren, koken tot de bouillon is opgenomen.

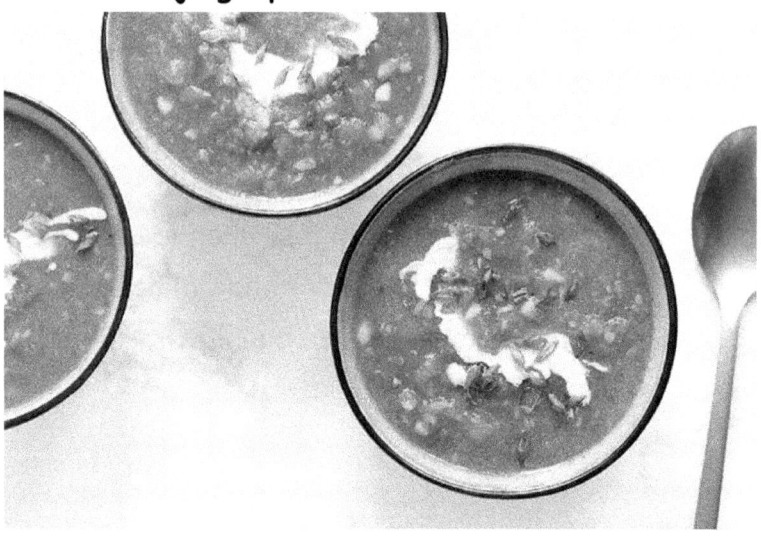

90. Rode wijn gazpacho

Ingrediënt

- 2 sneetjes witbrood
- 1 kopje koud water; meer indien nodig
- 1 pond Zeer rijpe grote tomaten
- 1 rode peper
- 1 middelgrote komkommer
- 1 teentje knoflook
- ¼ kopje olijfolie
- ½ kopje rode wijn
- 3 eetlepels rode wijnazijn; meer indien nodig
- Zout en peper
- 1 snufje suiker
- IJsblokjes; (om te serveren)

Routebeschrijving

a) Doe het brood in een kommetje, giet er water over en laat het weken. Ontpit de tomaten, snijd ze dwars door en schep de zaadjes eruit. Snijd het vruchtvlees in grote stukken.

b) Pureer de groenten in de keukenmachine in twee porties, voeg de olijfolie en het geweekte brood toe aan de laatste portie. Roer de wijn, azijn, zout, peper en suiker erdoor.

c) Verdeel het mengsel over kommen, voeg een ijsblokje toe en garneer met een geknoopt stukje komkommerschil.

91. Rijst en groenten in wijn

Ingrediënt

- 2 eetlepels olie
- 1 ui, fijngesneden
- 1 middelgrote courgette, in stukjes gesneden
- 1 middelgrote wortel, fijngehakt
- 1 stengel bleekselderij, fijngesneden
- 1 kopje langkorrelige rijst
- $1\frac{1}{4}$ kopje groentebouillon
- 1 kopje witte wijn

Routebeschrijving

a) Verhit de olie in een pan en fruit de ui. Voeg de rest van de groenten toe en roerbak ze op middelhoog vuur, tot ze lichtbruin zijn.

b) Voeg de rijst, groentebouillon en witte wijn toe, doe het deksel op de pan en laat 15-20 minuten koken, tot alle vloeistof is opgenomen.

92. Babyzalm gevuld met kaviaar

Ingrediënt

- ½ kopje olie, olijfolie
- 1 pond botten, zalm
- 1 pond boter
- 2 kopjes Mirepoix
- 4 laurierblaadjes
- Oregano, Tijm, Peperkorrels, wit
- 4 eetlepels Puree, sjalot
- ¼ kopje cognac
- 2 kopjes wijn, rood
- 1 kopje bouillon, vis

Routebeschrijving

a) Verhit de olijfolie in een pan.

b) Voeg de zalmgraten toe aan de pan en bak ze ongeveer 1 minuut.

c) Voeg boter (ongeveer 2 eetlepels), 1 kopje mirepoix, 2 laurierblaadjes, ¼ theelepel tijm, ¼ theelepel peperkorrels en 2 eetlepels van de sjalottenpuree toe. Voeg cognac toe en vlam.

d) Blus af met 1 kopje rode wijn en laat op hoog vuur 5 tot 10 minuten koken.

e) Smelt boter. Voeg 2 eetlepels sjalottenpuree, 1 kopje mirepoix, 2 laurierblaadjes, ¼ theelepel peperkorrels, ¼ theelepel oregano, ¼ theelepel tijm en 3 kopjes rode wijn toe.

f) Ontglazen Zeef en bewaar.

93. Knoflook-wijnrijst pilaf

Ingrediënt

- 1 schil van 1 citroen
- 8 teentjes knoflook, gepeld
- ½ kopje peterselie
- 6 eetlepels ongezouten boter
- 1 kopje gewone rijst (geen instant)
- 1¼ kopje kippenbouillon
- ¾ kopje droge vermout
- Zout en peper naar smaak

Routebeschrijving

a) Snijd de citroenschil, knoflook en peterselie fijn.

b) Verhit de boter in een zware 2-qt pot. Kook het knoflookmengsel heel zachtjes gedurende 10 minuten. Roer de rijst erdoor.

c) Roer op middelhoog vuur gedurende 2 minuten. Doe de bouillon en wijn in een pan. Roer door de rijst; voeg zout en versgemalen peper toe.

d) Leg een handdoek over de pan en bedek de handdoek totdat het tijd is om te serveren .

e) Warm of op kamertemperatuur serveren .

94. Baskische lamslever met rode wijnsaus

Ingrediënt

- 1 kopje droge rode wijn
- 1 eetlepel rode wijnazijn
- 2 theelepels verse knoflook, fijngehakt
- 1 laurierblad
- ¼ theelepel zout
- 1 pond Lamslever
- 3 eetlepels Spaanse olijfolie
- 3 plakjes spek, fijngehakt
- 3 eetlepels fijngehakte Italiaanse
- Peterselie

Routebeschrijving

a) Meng wijn, azijn, knoflook, laurier en zout in een glazen ovenschaal. Voeg lever toe en bedek goed met marinade.

b) Voeg spek toe en bak tot het bruin en knapperig is. Laat uitlekken op keukenpapier.

c) Lever uit marinade halen en dep droog. Bruin de lever in het braadvocht van de pan gedurende 2 minuten aan elke kant. Haal het uit de pan en leg het op een verwarmde schaal.

d) Giet de marinade in de hete koekenpan en kook, zonder deksel, tot de helft is ingekookt. Verdeel de spekstukjes over de lever, giet de marinade erover en bestrooi met peterselie.

95. Rundvlees gestoofd in barolowijn

Ingrediënt

- 2 teentjes knoflook, fijngehakt
- 3½ pond rundvlees, onderste ronde of nek
- Zout, peper
- 2 laurierblaadjes, vers of gedroogd
- Tijm, gedroogd, snufje
- 5 kopjes wijn, Barolo
- 3 eetlepels boter
- 2 eetlepels olijfolie
- 1 ui, middelgroot, fijngehakt
- 1 wortel, fijngesneden
- 1 stengel bleekselderij, fijngesneden
- ½ pond champignons, wit

Routebeschrijving

a) Wrijf knoflook in het vlees. Breng op smaak met zout en peper. Doe het vlees in een grote kom. Voeg laurierblaadjes, tijm en genoeg wijn toe om het vlees te bedekken.

b) Smelt 2 eetlepels boter met olie in een grote zware braadpan. Voeg vlees toe als boter schuimt. Bak vlees aan alle kanten bruin op middelhoog vuur.

c) Haal het vlees uit de ovenschotel. Voeg ui, wortel en selderij toe aan de ovenschotel. Bak tot ze lichtbruin zijn. Doe het vlees terug in de ovenschotel. Giet de overgebleven marinade door een zeef over het vlees.

d) Smelt 1 eetlepel boter in een middelgrote koekenpan. Bak de champignons op hoog vuur tot ze goudbruin zijn. Voeg de champignons toe aan het vlees en bak nog 5 minuten.

96. Gestoofde sla in witte wijn

Ingrediënt

- ¾ kopje olijfolie; plus
- 2 eetlepels olijfolie
- 1½ pond scrodfilets; in 2x 2 stukken gesneden
- ¼ kopje bloem om te bestrooien; op smaak gebracht met
- 1 theelepel bayou blast
- 1 theelepel gehakte knoflook
- ½ kopje peer- of cherrytomaatjes
- ¼ kopje Kalamata-olijven; in plakjes gesneden
- 2 kopjes los gepakte oreganoblaadjes
- ¼ kopje droge witte wijn
- 1 theelepel gehakte citroenschil

Routebeschrijving

a) Haal de stukken vis door de gekruide bloem en schud het overtollige bloem eraf.

b) Leg alle stukken vis voorzichtig in de hete olie en bak ze 2 minuten.

c) Verhit de resterende 2 eetlepels olijfolie in een grote koekenpan op middelhoog vuur. Voeg gehakte knoflook toe en bak 30 seconden. Doe de vis in de pan met tomaten, Kalamata-olijven, verse oregano, witte wijn, citroenschil, water en zout en peper.

d) Dek af en kook 5 minuten op middelhoog vuur. Serveer de saus over de vis.

97. Calamari in umido

Ingrediënt

- 16 kleine inktvisringen, vers
- ¼ kopje olijfolie, extra vierge
- 1 eetlepel Ui; gesneden
- ½ eetlepel Knoflook; gehakt
- ¼ theelepel rode peper; gemalen
- ⅓ kopje Chardonnay
- ¼ kopje visbouillon
- 3 takjes peterselie, Italiaans; gehakt
- Zout, peper

Routebeschrijving

a) Maak de inktvis schoon en pel hem als dit nog niet is gedaan door de vismarkt. Verhit de olijfolie in een koekenpan op middelhoog vuur.

b) Fruit de ui, knoflook en rode peper 30 seconden op middelhoog vuur en voeg vervolgens de in plakjes gesneden inktvis en alle andere ingrediënten toe .

c) Breng de pan aan de kook en laat ongeveer drie minuten sudderen, tot de saus met ongeveer een derde is gereduceerd. Voor twee hoofdgerechten of vier voorgerechten.

98. Gestoofde ossenstaarten met rode wijn

Ingrediënt

- 6 pond ossenstaarten
- 6 kopjes rode wijn
- ½ kopje rode wijnazijn
- 3 kopjes Cipollini-uien of zilveruitjes
- 1½ kopje selderij, in plakjes gesneden
- 2 kopjes wortelen, in plakjes gesneden
- 1 theelepel jeneverbessen
- ½ theelepel zwarte peperkorrels
- Kosher zout, zwarte peper
- ⅓ kopje bloem
- ¼ kopje olijfolie
- ⅓ kopje tomatenpuree
- 2 eetlepels Peterselie

Routebeschrijving

a) Doe de ossenstaarten in een grote niet-reactieve kom. Voeg de wijn, azijn, cipollini-uien, selderij, wortels, jeneverbessen, peperkorrels en peterselie toe.

b) Bak de ossenstaarten in olie aan alle kanten bruin, gedurende 10 tot 15 minuten .

c) Doe de ossenstaarten terug in de pan met de marinade, jeneverbessen, peperkorrels en 2 kopjes water. Roer de tomatenpuree erdoor tot het is opgelost. Dek af en bak 2 uur.

d) Voeg de gereserveerde groenten toe. Laat sudderen en pas de kruiden aan

99. Vis in wijn ovenschotel

Ingrediënt

- 2 eetlepels boter of margarine
- 1 middelgrote ui, in dunne plakjes gesneden
- $\frac{1}{2}$ kopje droge witte wijn
- 2 pond heilbotfilets
- Melk
- 3 eetlepels bloem
- Zout, peper
- $8\frac{1}{2}$ ounce blik kleine erwten, uitgelekt
- $1\frac{1}{2}$ kopje Chinese gebakken noedels

Routebeschrijving

a) Smelt boter. Voeg ui toe en verwarm, onafgedekt, in de magnetron, 3 minuten . Voeg wijn en vis toe en verwarm.

b) Giet het braadvocht in een maatbeker en voeg zoveel melk toe dat er 2 kopjes braadvocht overblijven.

c) Smelt de 3 eetlepels boter of margarine in de magnetron gedurende 30 seconden.

d) Roer de bloem, zout en peper erdoor. Roer geleidelijk het overgebleven visvochtmengsel erdoor.

e) Verwarm, onafgedekt, in de magnetron gedurende 6 minuten en roer regelmatig tot het dik en glad is. Voeg erwten toe aan de saus.

f) Voeg saus toe aan vis in de ovenschotel en roer voorzichtig. Verwarm, onafgedekt, in de magnetron gedurende 2 minuten. Strooi noedels over vis en verwarm . Serveer

100. Gegrilde varkenskoteletten met wijn

Ingrediënt

- 2 (16 ounce) flessen Holland House® Rode Kookwijn
- 1 eetlepel gehakte verse rozemarijn
- 3 teentjes knoflook, fijngehakt
- ⅓ kopje bruine suiker
- 1½ theelepel keukenzout
- 1 theelepel versgemalen peper
- 4 (8 ounce) varkenskoteletten, 3/4 inch dik
- 1 theelepel ancho chilipoeder

Routebeschrijving

a) P onze kookwijn in een niet-metalen container. Voeg suiker, zout en peper toe; roer tot suiker en zout zijn opgelost. Roer de afgekoelde smaakinfusie erdoor.

b) Leg de varkenskoteletten in de pekel, zodat ze volledig onder water staan.

c) Verwarm de grill voor op een middelhoge temperatuur van 160-175 graden Celsius.

d) Grill 10 minuten; draai om en grill 4-6 minuten .

e) Haal het uit de pan, dek het af met aluminiumfolie en laat het 5 minuten rusten alvorens het te serveren.

CONCLUSIE

Moderne receptenmakers besteden veel tijd aan het aanprijzen van zelfgemaakte infusies, tincturen en wijn-geïnfuseerde gerechten. En dat is niet voor niets: op maat gemaakte siropen en likeuren stellen bars in staat om kenmerkende cocktails te creëren die niet altijd kunnen worden gerepliceerd.

De meeste ingrediënten kunnen worden gebruikt om wijn mee te infuseren. Ingrediënten die van nature water bevatten, zoals vers fruit, presteren echter beter.

Maar de keuze is aan jou, en experimenteren is onderdeel van het plezier. Wat je ook probeert, de resultaten zullen aangenaam zijn!